"VESTIR-SE DA NOVA HUMANIDADE!"
(Ef 4,24)

Carta aos Efésios

Mês da Bíblia – 2023
Texto para o povo

CB061511

SERVIÇO DE ANIMAÇÃO BÍBLICA – SAB

"VESTIR-SE DA NOVA HUMANIDADE!"
(Ef 4,24)

Carta aos Efésios

Mês da Bíblia – 2023
Texto para o povo

Direção-geral: Ágda França
Editora responsável: Fabíola Medeiros de Araújo
Elaboração dos textos:
Zuleica Aparecida Silvano (introdução e os textos preparatórios de cada encontro);
Paulo Henrique Laurêncio dos Santos e *Diego Patricio Vera Vélez* (primeiro encontro);
Carlos Eduardo de Vasconcelos e *Liliane Zschaber Corrêa Gomes* (segundo encontro);
Eliani Aparecida Araujo Costa e *Inácio José Tadeu Rodrigues Martins* (terceiro encontro);
Maria Eliene Pereira de Oliveira (quarto encontro);
Maria Nady Martins e *Rita Renilda Guimarães Protzner* (celebração);
Ruth Almeida Moreira de Souza e *Zuleica Aparecida Silvano* (maratona bíblica);
Maria Inês Costa Carniato (revisão)
Copidesque: Mônica Elaine G. S. da Costa
Coordenação de revisão: Marina Mendonça
Revisão: Sandra Sinzato
Gerente de produção: Felício Calegaro Neto
Capa e diagramação: Tiago Filu
Imagem da capa: Cláudio Pastro

Para outras informações, dirija-se ao
Serviço de Animação Bíblica – SAB
Av. Afonso Pena, 2142 – Bairro Funcionários
30130-007 – Belo Horizonte – MG
Tel.: (31) 3269-3737
sab@paulinas.com.br

1ª edição – 2023

Nenhuma parte desta obra poderá ser reproduzida ou transmitida por qualquer forma e/ou quaisquer meios (eletrônico ou mecânico, incluindo fotocópia e gravação) ou arquivada em qualquer sistema ou banco de dados sem permissão escrita da Editora. Direitos reservados.

Paulinas
Rua Dona Inácia Uchoa, 62
04110-020 – São Paulo – SP (Brasil)
Tel.: (11) 2125-3500
http://www.paulinas.com.br – editora@paulinas.com.br
Telemarketing e SAC: 0800-7010081
© Pia Sociedade Filhas de São Paulo – São Paulo, 2023

SUMÁRIO

Introdução 7

Texto preparatório para o 1º Encontro
O plano salvífico de Deus realizado em Cristo Jesus (Ef 1,3-14) 19
1º Encontro
O plano de amor de Deus realizado em Cristo Jesus
(Ef 1,3-14) 23

Texto preparatório para o 2º Encontro
Sois membros da família de Deus (Ef 2,11-22) 29
2º Encontro
Cristo, nossa paz: unidade e reconciliação (Ef 2,11-22) 34

Texto preparatório para o 3º Encontro
A unidade e a edificação do corpo de Cristo (Ef 4,1-16) 41
3º Encontro
Com Cristo somos um (Ef 4,1-16) 45

Texto preparatório para o 4º Encontro
O código doméstico dos cristãos (Ef 5,21–6,9) 52
4º Encontro
O agir cristão nas relações cotidianas (Ef 5,21–6,9) 59

Celebração de encerramento
"Vestir-se da nova humanidade" (Ef 4,24) 70

Maratona bíblica 2023 77

INTRODUÇÃO

O "Mês da Bíblia" é um tempo privilegiado para o estudo de um livro ou tema bíblico. Neste ano, a Comissão de Animação Bíblico-Catequética da Conferência Nacional dos Bispos do Brasil (CNBB) e as instituições bíblicas, dentre elas, o Serviço de Animação Bíblica (SAB/Paulinas), escolheram como tema a "Carta aos Efésios" e o lema "Vestir-se da nova humanidade" (Ef 4,24). Esta frase é de uma exortação da própria carta, na qual o autor apresenta aos batizados e batizadas em que consiste assumir a vida nova após a adesão a Cristo e ao batismo, sobretudo em um contexto não cristão,[1] onde viviam, provavelmente, os destinatários dessa carta.

POR QUEM, QUANDO E ONDE FOI ESCRITA A CARTA AOS EFÉSIOS?

Por muitos séculos, essa carta foi considerada de autoria paulina, por causa do remetente (Ef 1,1), das referências de sua vocação (Ef 3,1-13), por pedir oração por sua missão (Ef 6,19-20) e por enviar Tíquico como seu representante

---

[1] É um anacronismo usar o termo "cristão" ou "cristã" no contexto do primeiro século, mas iremos utilizá-lo somente como uma comodidade linguística, para não repetir a expressão "seguidores/as de Jesus Cristo". Assim, a expressão "judeo-cristão" deve ser interpretada como o seguidor de Jesus Cristo proveniente da tradição e da cultura judaica; e o "gentio-cristão", aqueles seguidores de Jesus Cristo provenientes da cultura greco-romana. A inadequação do uso de "judeo-cristão" e "gentio-cristão", no sentido historiográfico, no século I, foi aprofundada por PESCE, M. *De Jesus ao cristianismo*. São Paulo: Loyola, 2017. p. 207-216. (Bíblica Loyola, 71).

(Ef 6,22); além de se constatar afinidades temáticas e teológicas próprias das cartas autênticas do Apóstolo Paulo. Mas, no final do século XVIII, essa autenticidade foi posta em dúvida pela primeira vez pelo biblista inglês Edward Evanson, que identificou mudanças significativas de perspectiva teológica, ao compará-la às cartas paulinas presentes no Novo Testamento. Assim, atualmente essa carta é considerada "deuteropaulina", ou seja, não é de autoria original do Apóstolo. Os estudiosos afirmam que provavelmente foi redigida por um colaborador, um discípulo de Paulo ou até mesmo por uma escola que conhecia a tradição paulina por meio de suas cartas autênticas. Dedicar um escrito a uma pessoa significativa para determinada comunidade era comum na antiguidade, com o objetivo de ser acolhida ou de homenagear tal pessoa. Porém, a negação da autoria paulina não diminui a riqueza teológica que perpassa a carta.

A datação da carta oscila entre duas propostas: (1) entre os anos 70 e 80 d.C. e (2) entre os anos 80 e 90 d.C., porém não posterior a 90. A segunda hipótese (anos 80-90 d.C.) parece ser a mais provável, diante dos estudos atuais e da revisão da datação dos escritos do Novo Testamento. Não temos nenhuma informação referente ao lugar da redação; pensa-se, de modo geral, na Ásia Menor, mais precisamente em Éfeso, por ser a cidade principal da Ásia Menor nesse período.

INTERLOCUTORES

Com relação à identificação dos interlocutores, confrontamo-nos com um problema, visto que não há nenhuma indicação no cabeçalho, ou seja, é destinada "aos santos (batizados/as) e fiéis em Cristo" em geral (Ef 1,1). A expressão "aos Efésios" foi acrescentada posteriormente em alguns textos e traduções, porém, não aparece nos textos mais antigos. Mas por que os estudiosos pensam que a carta foi escrita em Éfeso? Alguns defendem que seja por causa da referência a Tíquico (Ef 6,21), que é originário da Ásia (At 20,4) e situado em Éfeso (2Tm 4,12). Outros afirmam que provavelmente essa carta foi escrita para várias comunidades localizadas a Oeste da Ásia Menor, e Éfeso era a capital da província senatorial romana na Ásia. A cidade de Éfeso era famosa pela mistura de culturas e de tendências religiosas, por ser rota comercial e o centro da expansão do movimento dos seguidores(as) de Jesus Cristo. Ao analisar a carta percebemos que nessas comunidades deveriam predominar os gentios, ou seja, pessoas não provenientes do judaísmo.

QUAL A PRINCIPAL FINALIDADE DA CARTA?

Não é possível precisar um objetivo específico ou um dado histórico que indique sua finalidade. A primeira hipótese é que essa carta visa estabelecer a unidade e a paz entre os(as) seguidores(as) de Jesus provenientes do judaísmo e aqueles(as) de origem gentílica (vindos das outras nações), e provavelmente por causa da morte de seus líderes, pessoas com autoridade que mantinham a unificação entre as igrejas. A segunda hipótese propõe como finalidade a reconciliação entre os membros das comunidades, dado que os seguidores(as) do movimento de Jesus experimentavam as consequências da Guerra Judaica, como a destruição de Jerusalém e do Templo, que, com certeza, deve ter repercutido nas comunidades cristãs também de outros locais. Outros estudiosos atuais apresentam uma terceira possibilidade, que consiste em ressaltar os valores evangélicos, a adesão a Cristo e reforçar o compromisso cristão, visto que os membros das comunidaes enfrentavam o grande desafio de serem cristãos dentro de um contexto com valores contrários ao seguimento de Jesus Cristo, ou talvez o desafio de uma crise de fé em Cristo, pela infiltração de pensamentos filosóficos e de práticas religiosas do paganismo nas comunidades cristãs.

GÊNERO LITERÁRIO E ESTRUTURA DA CARTA AOS EFÉSIOS

Esse livro pertence ao gênero epistolar, dado que há um cabeçalho, a saudação no início e no fim, a ação de graças e a bênção final, semelhante ao esquema das cartas presentes no Novo Testamento. Porém, no desenvolvimento do conteúdo assemelha-se às homilias batismais e às catequeses aos catecúmenos durante o período de conversão, iniciação e batismo. Assim, podemos considerá-la uma carta apostólica, ou seja, traz um discurso destinado aos batizados e às batizadas.

Há várias propostas de subdivisão das argumentações presentes no texto. Mas, por causa do gênero epistolar, segue-se o esquema clássico de uma carta: o cabeçalho (os remetentes, os destinatários citados de modo genérico, a saudação) (Ef 1,1-2); a bênção (Ef 1,3-14); a ação de graças e a oração (Ef 1,15-23); o corpo da carta, no qual é desenvolvido o conteúdo (Ef 2,1–6,20); a saudação e a bênção finais (6,21-24).

O corpo da carta articula-se em duas partes: (a) a revelação do mistério de Deus em Cristo como fundamento da redenção do corpo que é a Igreja (Ef 2,1–3,21) e (b) as exortações sobre as características da nova vida em Cristo na comunidade e no mundo (4,1–6,20). Conclui-se com algumas notícias, o envio de Tíquico, uma saudação final e uma breve bênção (Ef 6,21-24), conforme o esquema que segue:

Introdução	1,1-23	**Cabeçalho (remetente e destinatários):** Paulo e os santos e fiéis em Cristo [Éfeso é acréscimo posterior] 1,3-14: Bênção: hino de louvor a Deus por sua obra salvífica 1,15-23: Ação de graças e oração
Corpo da Carta 1,15–6,20	2,1–3,21 I PARTE Teológica	**Revelação do mistério de Deus em Cristo como fundamento da redenção do corpo eclesial** 2,1-10: contraste entre o passado e o presente (nova vida em Cristo) 2,11-22: unidade de judeus e gentios em Cristo 3,1-13: Paulo como intérprete do mistério revelado 3,14-21: oração e doxologia conclusiva (louvor a Deus)
	4,1–6,20 II PARTE Exortativa	**As características da nova vida dos(as) batizados(as)** 4,1-16: unidade da Igreja e diferentes serviços 4,17–5,20: a vida cristã num contexto não cristão 5,21–6,9: a vida cristã e os códigos domésticos 6,10-20: a vida cristã como luta contra o mal
Conclusão	6,21-24	Exortações; saudação e bênção final

DESTAQUES TEOLÓGICOS

Ao trilhar os argumentos dessa carta, percebemos que, possivelmente, o autor se serviu de elementos das cartas paulinas autênticas (1Ts, Fl, Fm, Gl, Rm; 1e 2Cor); da Carta aos Colossenses, da Primeira Carta de Pedro; das correntes filosóficas; das religiões mistéricas; das tradições litúrgicas e dos hinos utilizados nas comunidades primitivas. Porém, descobrem-se significativas novidades de perspectiva ao compará-la com a Carta aos Colossenses, na qual encontramos o maior número de afinidades, por exemplo: há mudanças, quanto aos destinatários do mistério revelado; o fundamento da Igreja (Cl 2,7 e Ef 2,20) e a finalidade da missão de Paulo (Cl 1,27 e Ef 3,1-13).

Apresentaremos os eixos teológicos principais. O primeiro é o cristológico-soteriológico,[2] sendo este influenciado por Colossenses (Cl 1,15-20 e Ef 1,20-23). Para o autor de Efésios, Deus, o criador de todas as coisas (visíveis e invisíveis), e Jesus Cristo reinam sobre as esferas terrestre e celeste. Nessa visão, o redator desenvolve uma cristologia do senhorio de Jesus Cristo Ressuscitado, aquele que está sentado à direita de Deus (Ef 1,20; 4,8.10), e enfatiza a autoridade cósmica de Cristo. Deus colocou tudo sob seus pés e Cristo enche o cosmos com sua plenitude de vida (Ef 1,22-23).

As menções à cruz são raras (1,7; 2,16), já que o autor privilegia a ressurreição de Cristo (1,20-22; 2,5-6; 4,8-10). Entretanto, há uma relação entre a cristologia do senhorio

---

[2] A Cristologia é a parte da Teologia que trata de Jesus Cristo, e a Soteriologia tem como objeto de estudo a salvação da humanidade por Jesus Cristo e a ação salvífica de Deus.

de Cristo e a cruz. Conforme Efésios 2,13.16, a cruz é compreendida como um ato de reconciliação entre judeus e gentios, constituindo um só corpo, a Igreja.

O autor raramente usa a palavra "Evangelho" para designar a revelação de Deus em Jesus Cristo, mas emprega o termo "mistério". "Mistério" consiste em um segredo de Deus, inacessível aos seres humanos, preestabelecido antes da criação e revelado à humanidade por iniciativa divina, por meio de Jesus Cristo. Esse mistério é revelado a toda a humanidade, de forma especial aos gentios, integrando-os ao corpo eclesial, ou seja, esse mistério não era reservado somente ao povo de Israel. Apesar de uma ênfase cristológica, a carta traz vários elementos sobre Deus Pai e o Espírito Santo e as suas funções no plano salvífico (Ef 1,3-14; 2,18.22; 3,5.16; 4,4.30 e 5,18).

Há alguns termos soteriológicos, como reconciliação, salvação, porém, não se usa o termo "justificação", presente na teologia paulina. Há a concepção soteriológica da gratuidade da salvação (Ef 2,5.8-9), semelhante a Paulo, e uma alusão à "justiça", porém, não no sentido soteriológico. A lei não é compreendida na perspectiva soteriológica, portanto, ela é abolida com a vinda de Cristo (2,15) para acentuar a união entre judeus e gentios.

O segundo eixo teológico principal da carta é o eclesiológico, aliás, o tema central de Efésios é a Igreja. O autor apresenta uma Igreja universal, única e personificada (Ef 1,22; 3,10.21; 5,23-25.29.32), e não uma Igreja local, perspectiva presente nas cartas paulinas (Igreja em Tessalônica, em Corinto). As principais metáforas eclesiológicas são: a Igreja universal compreendida como construção ou o templo santo (2,20-22); como o ser humano novo ou o ser humano perfeito (2,14-16); como a esposa de Cristo, ou melhor, serve-se da imagem do amor entre os casais (5,22-23); como a plenitude de Cristo (1,23) e como o corpo de Cristo, corpo do qual ele é a cabeça (1,22-23; 4,15-16). A Igreja é, portanto, entendida como um ser em Cristo e não como uma entidade institucional. Por isso, a visão de Igreja universal não pode ser compreendida apenas como a soma de todas as comunidades cristãs locais, situadas nas mais diversas partes do mundo, mas sim na comunhão em Cristo como um único corpo. A Igreja se torna mediadora entre o mundo terrestre e o celeste. Desse modo, tem uma função soteriológica, isto é, baseada nos profetas e apóstolos, ela é o espaço no qual a salvação é oferecida ao mundo. No entanto, o autor da Carta aos Efésios defende a primazia cristológica em relação à eclesiológica. De fato, Cristo reconciliou os dois grupos da humanidade, judeus e gentios, e fez deles um só povo, um só ser humano novo: a Igreja (2,11-22), que tem como fundamento os apóstolos e os profetas (2,20a); porém, Cristo é a pedra angular (2,20b).

O último eixo é o escatológico, que é o estudo teológico do pós-morte (tempo futuro), mas também permite ver o definitivo no evento Cristo (messianismo, morte e ressurreição). A concepção escatológica presente na Carta aos Efésios está intimamente ligada à visão de mundo do autor e à sua cristologia eclesial; por isso, a ênfase recai na experiência da plenitude da salvação no presente da Igreja. Cristo ressuscitou e nos fez sentar nos céus (2,5-6). Não há tensão escatológica, o futuro somente revelará o que já é uma realidade na vida do(a) batizado(a). Com Cristo e por meio do batismo, tudo já foi realizado. Desse modo, a era messiânica se funde com a era escatológica. Porém, mesmo com uma escatologia realizada no presente, é necessário se comprometer com o Reino de Deus aqui na terra, mantendo-se no seguimento de Jesus, por meio da comunhão (4,1-16), do empenho em viver como pessoas novas (4,17–5,20), com novas relações familiares (5,21–6,9) e com essa luta constante contra o antirreino, isto é, o pecado (6,10-20). Por isso, o autor dedica a metade da carta para exortar os cristãos a viverem em paz, na unidade, em comunhão, na vivência do amor fraterno.

NOSSO SUBSÍDIO

Este fascículo visa proporcionar aos grupos de reflexão e círculos bíblicos um encontro pessoal e comunitário com a Palavra a partir da Carta aos Efésios.

O subsídio contém quatro encontros e cada um é precedido por um texto preparatório sobre o trecho bíblico abordado. No final, propõe uma celebração de encerramento, que pode ser preparada no grupo ou em comunidade, e uma maratona bíblica.

O *primeiro encontro* traz o estudo da bênção presente em Efésios 1,3-14, na qual o autor sintetiza toda a história da salvação, que tem como finalidade revelar o amor de Deus por intermédio de seu Filho Jesus Cristo. A reconciliação entre judeus e gentios estabelecida por Jesus, em Efésios 2,11-22, é o tema do *segundo encontro*. O texto escolhido para o *terceiro encontro* é Efésios 4,1-16, que trata do fundamento da Igreja, Corpo de Cristo, e da unidade na pluralidade de dons. No *quarto encontro*, estudaremos o código doméstico descrito em Efésios 5,21–6,9 e as novas relações que os cristãos(ãs) são chamados(as) a assumir ao aderirem a Cristo. O *último encontro* é reservado à celebração de encerramento, retomando o texto do qual foi extraído o lema do Mês da Bíblia (Ef 4,17-32).

Como nos anos anteriores, foi elaborada uma maratona bíblica, que poderá ser realizada em seu grupo, em sua paróquia, pastoral ou movimento. Conforme sugestão enviada, elaboramos uma gincana, que poderá servir para os grupos juvenis e infantis. Porém, não a introduzimos neste subsídio, dado que é para um grupo específico, mas você poderá fotografar o QR Code abaixo e ter acesso à gincana.

ORIENTAÇÕES PRÁTICAS

Sugestões para a pessoa ou equipe que conduzirá os encontros:

- Ler com antecedência o texto preparatório para cada encontro e a indicação bíblica;
- Providenciar os símbolos indicados e preparar o ambiente para acolher os participantes;
- Substituir, quando necessário, os cantos desconhecidos por outros conhecidos, para favorecer a participação do grupo;

- Este subsídio traz vários cantos de Paulinas-COMEP. Fotografe o QR Code abaixo e tenha acesso às músicas nas plataformas digitais;

- Se o encontro for *on-line*, são necessários alguns cuidados:
  - Uma pessoa poderá ficar responsável pela preparação do ambiente, manter a câmera focada nos símbolos, durante o encontro;
  - Solicitar que cada participante providencie o seu material e utilizar o *power point* ou outro aplicativo semelhante para expor os símbolos, para ouvir as músicas ou vídeos e para a explicação dos conteúdos;
  - Durante o encontro, manter o microfone do computador ou do celular desligados para evitar ruídos na transmissão;
- Realizar a celebração de encerramento com outros grupos que fazem parte das comunidades, da paróquia ou do grupo que deseja aprofundar esse texto bíblico.

A maratona bíblica pode envolver os membros do grupo que participaram dos encontros dos círculos bíblicos nas paróquias e comunidades ou nas casas. Podem ser também criadas outras modalidades adequadas à realidade local. Se for conveniente, pode-se premiar as pessoas ou grupos que acertarem o maior número de questões. Os(As) animadores(as) deverão providenciar os prêmios e organizar o sorteio.

No final dos encontros, o grupo é convidado a fazer uma avaliação e enviá-la para a equipe do SAB. Suas sugestões são valiosas para a preparação dos próximos subsídios do "Mês da Bíblia".

PARA APROFUNDAR O TEMA

A BÍBLIA: Novo Testamento. São Paulo: Paulinas, 2015.

BROWN, Raymond E. *Introdução ao Novo Testamento*. São Paulo: Paulinas, 2004. p. 813-834. (Bíblia e História. Maior).

FABRIS, Rinaldo. *As cartas de Paulo, III*. São Paulo: Loyola, 1989. p. 129-207. (Bíblica Loyola, 4).

FOULKES, Francis. *Efésios*: introdução e comentário. São Paulo: Vida Nova: 1983. (Série Cultura Bíblica, 10).

HAWTHORNE, Gerald F.; MARTIN, Ralph. P.; REID, Daniel G. *Dicionário de Paulo e suas cartas*. São Paulo: Vida Nova/Paulus/Loyola, 2008.

SERVIÇO DE ANIMAÇÃO BÍBLICA. *Em Jesus, Deus comunica-se com o povo*: comunidades cristãs na diáspora. 4. ed. São Paulo: Paulinas, 2009.

SILVA, Valmor da. *Paulo, apóstolo de Jesus Cristo pela vontade de Deus!* Teologia paulina. 2. ed. São Paulo: Paulinas, 2008.

SILVANO, Zuleica Aparecida (Org.). *Carta aos Efésios*. São Paulo: Paulinas, 2023.

TEXTO PREPARATÓRIO
PARA O 1º ENCONTRO

O PLANO SALVÍFICO DE DEUS REALIZADO EM CRISTO JESUS
(Ef 1,3-14)

O texto de Efésios 1,3-14 condensa toda a história da salvação. É um louvor a Deus pelo plano salvífico realizado por meio de Jesus Cristo e levado a cumprimento pelo Espírito Santo. O hino inicia-se com um louvor ao Pai de Jesus Cristo e termina com a ação santificadora do Espírito, mas tudo vem por meio de Jesus Cristo. Ele é o amado, por meio dele o Pai nos concede a salvação. Cristo é o centro do plano divino do Pai e de toda a obra salvífica de Deus. Ele é a mediação (1,5.7), o redentor (1,7.14) e a plena realização do plano do Pai. Por meio de Cristo, o cristão é redimido (1,7.14), é santo (1,4), é filho (1,5), é destinado a receber a revelação do mistério de Cristo, a ser guiado pelo Espírito Santo e chamado a responder a Deus por meio da fé (1,13), da esperança (1,12) e da caridade (1,4.5.14). Dessa forma, o hino apresenta quem é Deus para o ser humano e quem é o ser humano para Deus, enfatizando a ação de Deus Pai, do Filho e do Espírito Santo no decorrer da história da Salvação.

A bênção é atribuída a Deus Pai como fonte de todas as graças concedidas à humanidade. O texto torna explícita a ação de cada uma das pessoas na Trindade; portanto, pode ser estruturado em três partes.

A primeira parte (vv. 3-6) apresenta Deus Pai como aquele que escolheu toda a humanidade, desde a eternidade, para a santidade, ou seja, para ser conforme Deus, que é santo, e a predestinou para a adoção como filhos por Jesus Cristo (Ex 4,22; Dt 14,1; 32,6; Jr 31,9; Os 11,1). Essa predestinação se dá por pura gratuidade de Deus, por iniciativa divina, e sua finalidade é a de ser o louvor da glória de Deus. Pensando em nossa vida cristã, podemos dizer que ser o louvor da glória divina significa manifestar o amor de Deus com a nossa presença, tornar visível o Reino de Deus em nossas relações, por meio da comunhão, da unidade e da justiça.

As bênçãos espirituais, mencionadas em Efésios 1,3, são dadas para que o cristão(ã) possa compreender o sentido das coisas e conhecer os mistérios divinos. A expressão "nos céus", típica de Efésios (1,3.20; 2,6; 3,10), associa o eleito ao triunfo de Jesus Ressuscitado, pois é o lugar no qual Cristo se encontra, após a ressurreição e a ascensão. Assim, o(a) batizado(a) torna-se participante da vitoriosa ressurreição de Cristo. Em Efésios 1,4-6, o autor traz os vários aspectos teológicos, ao afirmar que Deus Pai estabeleceu o plano de salvar a humanidade, desde o início da criação, ao elegê-la gratuitamente em Cristo (dimensão cristológica), para ser santa (Ex 19,6) e irrepreensível (dimensão redentora). Enfim, para participar da santidade de Deus (dimensão escatológica).

Na segunda parte do primeiro capítulo (vv. 7-12), o autor ressalta a missão do Filho, que é a de redimir a humanidade por meio de sua entrega na Cruz, estabelecendo a Nova Aliança. Por ela somos resgatados(as) para pertencermos totalmente a Deus (Lv 25). Dessa forma, não pertencemos ao pecado ou a nós mesmos, mas a Deus. O mistério da vontade de Deus (v. 8) é o envio do Filho na plenitude do tempo, para manifestar o amor do Pai por todos. O mundo tem sua unificação em Cristo, que, além de perdoar os pecados, concede a todos os dons sobrenaturais da sabedoria e da inteligência. A sabedoria está relacionada com a capacidade de conhecer os mistérios divinos, e a inteligência, de ordenar a vida cotidiana conforme a vontade de Deus. O autor também enfatiza a soberania de Jesus sobre o cosmo, concedida por Deus Pai, que, ao levar a história à sua plenitude, o constitui Senhor de todas as coisas, as que estão no céu e as que estão na terra (v. 10). No aspecto soteriológico, Cristo reconciliou todas essas coisas, sendo o centro de unidade e de harmonia de toda a criação. Por isso, a humanidade é constituída herdeira dos bens celestiais, não por esforço próprio, mas por pura graça, por livre vontade de Deus. Em Efésios 1,11-12 temos a perspectiva histórico-salvífica e a retomada de conceitos bíblicos da eleição, como: ser propriedade de Deus (Dt 7,6; 14,2; 32,9), a herança (Dt 9,29; 32,9; Sl 78,71) e a Aliança.

Por fim, na terceira seção do capítulo 1 (vv. 13-14), focaliza-se a ação do Espírito Santo, que é a garantia de nossa salvação. A destinação antropológica está no v. 13, no "ser louvor e glória", ou seja, obter a salvação. O ser humano, portanto, é predestinado a amar, a ser filho no Filho, e destinado a fazer resplandecer o louvor e a graça de Deus (a santidade e a filiação). Portanto, tudo procede da benevolência do amor do Pai.

O sigilo ou ser selado exprime a ideia de propriedade e garantia de proteção (Ex 12,13; Is 44,5; Ez 9,4-6; Jr 32,10-15; 1Rs 21,8). O autor emprega o termo "arras" para dizer que, após o batismo, já vivemos aqui na terra, na história, plenamente, o fim dos tempos. Assim, com a vinda de Jesus como

Messias e ao sermos batizados, já participamos dos tempos messiânicos, como uma antecipação dos tempos escatológicos na história. O Espírito Santo prometido pelos profetas e profetisas é um dom de renovação escatológica e sinal da era messiânica (Is 32,15; Ez 36,25-27); por isso, ao ser selado pelo Espírito, o(a) batizado(a) recebe por antecipação a herança do Reino de Deus.

O texto é um hino que nos ajuda a tomar consciência do grande amor de Deus por toda a humanidade.

1º Encontro

O PLANO DE AMOR DE DEUS REALIZADO EM CRISTO JESUS
(Ef 1,3-14)

PREPARAÇÃO DO AMBIENTE

Pôr sobre a mesa a Bíblia aberta em Efésios 1,3-14, com uma vela acesa ao lado. Junto à Bíblia, em um pano, colocar algum símbolo que faça lembrar o Deus Uno e Trino. Se o encontro for *on-line*, ler as orientações práticas apresentadas na introdução deste subsídio.

1. ACOLHIDA E CANTO

Irmãs e irmãos, neste primeiro encontro de nossa caminhada do Mês da Bíblia de 2023, refletiremos sobre a chamada *Bênção de louvar a Deus pelo seu plano de salvação*. O hino envolve a dimensão trinitária, iniciando com o louvor ao Pai de Jesus Cristo e concluindo com a ação santificadora do Espírito. No centro está a missão de Jesus Cristo, pela qual o Pai nos revela o desígnio de salvar-nos e tornar-nos santos(as), marcados(as) pelo Espírito. Como filhas e filhos de Deus, somos chamados(as) a louvar o Pai, pelo Filho, no Espírito Santo. Na certeza de que Cristo é o centro do plano divino do Pai e de toda obra salvífica de Deus, cantemos com alegria:

Canto
Santíssima Trindade[1]

Senhor e Criador que és nosso Deus
Vem inspirar estes filhos teus
Em nossos corações derrama tua paz
E um povo renovado ao mundo mostrarás.

Sentimos que tu és a nossa luz
Fonte de amor, fogo abrasador
Por isso é que, ao rezar em nome de Jesus,
Pedimos nesta hora os dons do teu amor.

Se temos algum bem, virtude ou dom
Não vem de nós, vem do teu favor
Pois que sem ti ninguém, ninguém pode ser bom
Só tu podes criar a vida interior.

Infunde, pois, agora em todos nós
Que como irmãos vamos refletir
A luz do teu saber e a força do querer
A fim de que possamos juntos construir.

E juntos cantaremos sem cessar
Cantos de amor para te exaltar
És Pai, és Filho e és Espírito de paz
Por isso, em nossa mente, tu sempre reinarás
Amém, aleluia!

---

[1] OLIVEIRA, José Fernandes de (Pe. Zezinho). Santíssima Trindade. CD: *Nas asas da contemplação*. São Paulo: Paulinas-COMEP. Disponível em: <https://www.youtube.com/watch?v=TXWgtjiUego>, e, a partitura, em: <https://www.paulinas.org.br/pub/partitura/P1194150108.pdf>. Acesso em: 24 nov. 2022.

2. ORAÇÃO

Ó Deus, Pai de nosso Senhor Jesus Cristo, que em vosso Filho nos abençoastes e nos cumulastes de toda graça, nós vos pedimos que envieis o vosso Santo Espírito para que nós também possamos bendizer o vosso nome e louvar-vos de todo coração. Isso vos pedimos, por Cristo Senhor nosso. Amém.

3. SÍMBOLOS

Olhemos para a Bíblia, para o símbolo da Santíssima Trindade e para a vela, e nos perguntemos: o que cada símbolo representa para nós? Como eles nos ajudam em nossa oração? *(Momento de partilha)*

4. INTRODUÇÃO À LEITURA

O texto que vamos ler e meditar apresenta o plano de salvação de Deus estabelecido desde o início da criação. Ele expressa a gratuidade de nossa eleição em Cristo e a participação de sua santidade. O autor dessa carta também nos recorda que somos predestinados(as) a amar e a *sermos filhos e filhas no Filho*, com a missão de resplandecer em nossas vidas o louvor a Deus. Quando reconhecemos que tudo procede da benevolência do amor do Pai, somos imersos(as) em seu mistério de amor divino. Somos resgatados(as) para pertencermos totalmente a Deus. O Espírito Santo prometido pelos profetas e profetisas é um dom gratuito de Deus. Portanto, ser selado pelo Espírito significa receber a antecipação da herança do Reino, que caracteriza a identidade do cristão e da cristã.

5. CANTO DE ACLAMAÇÃO

Povo que Deus adotou[2]

Antes, bem antes que o mundo fosse criado por Deus
Ele, em segredo, pensou como fazer-nos feliz.

Bendito seja Deus, o Pai que é só amor,
Que em Cristo nos chamou, pra sermos filhos seus!

Cristo por nós se entregou, vida pra sempre nos deu
Somos chamados a ser filhos e herdeiros de Deus
Juntos, formamos um povo, povo que Deus adotou
Por seu amor destinado, pra sua glória e louvor.

6. LEITURA: EFÉSIOS 1,3-14

(Ler pausadamente Efésios 1,3-14 e fazer um momento de silêncio após a leitura)

7. VER O TEXTO DE PERTO

- Qual parte do texto lido chamou mais sua atenção?
- No decorrer deste hino, o autor bendiz a Deus por muitos motivos. Quais ações de Deus são louvadas no texto?
- Qual imagem de Deus se pode ter a partir desse hino? Percebemos sua dimensão trinitária: Deus-Pai, o Filho e o Espírito Santo?

---

[2] RICCIARDI, Maria Luiza Pedroso. *Povo que Deus adotou*. São Paulo: Paulinas-COMEP.

8. CANTO

Quem nos separará?[3]

Quem nos separará?
Quem nos separará
do amor de Cristo?

9. TRAZER O TEXTO PARA PERTO DE NÓS

- Como vimos, a bênção presente no início da Carta aos Efésios condensa toda a história da salvação. Como cristãos e cristãs que somos, temos consciência dessa história? De que modo somos predestinados(as)?

- É pelo batismo vivido aqui na terra que obteremos aquilo que nos é prometido no final dos tempos. Como podemos valorizar ainda mais a dimensão batismal em nossa caminhada cristã?

- Em nossas preces a Deus, sabemos também oferecer nosso louvor, bendizendo-o por todo bem que ele nos faz? Nesse louvor, percebemos a importância do Pai, do Filho e do Espírito Santo? Como isso se dá em nossas orações pessoais e comunitárias?

10. ORAÇÃO QUE BROTA DA PALAVRA

Senhor, Deus de bondade, vós sempre atuastes na história com ação amorosa, cuidando de cada pessoa com especial atenção. Vosso olhar trinitário foi capaz de oferecer salvação à humanidade inteira, realizando tudo em Cristo pelo Espírito, fazendo de nós predestinados a sermos filhos e filhas, e

---

[3] TURRA, Luiz. Quem nos separará? CD: *Palavras Sagradas do Apóstolo Paulo*. São Paulo: Paulinas-COMEP. v. II. Disponível em: <https://www.youtube.com/watch?v=k3PY-QHf-GU>. Acesso em: 24 dez. 2022.

realizando essa graça por meio do batismo. Ajudai-nos, uma vez mais, a sermos conscientes dessa tamanha alegria e fazei de nós verdadeiros filhos e filhas em vosso Filho, pela ação do Espírito Santo. Amém.

11. NOSSO COMPROMISSO COM A PALAVRA

O batismo é um sinal fundamental dentro de toda essa história de salvação que Deus nos propõe. Mas passar pelo batismo só faz sentido se de fato nossa vida renovada for refletida em nossas ações e relações no dia a dia de cristãos e cristãs. Nesse sentido, enquanto compromisso com a Palavra que ouvimos hoje, cada um(a) de nós é chamado(a) a olhar com atenção a própria vida e buscar meios para que a dimensão batismal seja de fato uma antecipação da herança do Reino que marca cada pessoa cristã.

Dirigente: Concluímos nosso encontro com um trecho da grande bênção que refletimos hoje: "Bendito seja o Deus e Pai de nosso Senhor Jesus Cristo, o qual, por Cristo, nos abençoou com todo tipo de bênçãos espirituais nos céus. Nele, nos escolheu antes da fundação do mundo, para sermos santos e irrepreensíveis diante dele no amor!". Em nome do Pai, do Filho e do Espírito Santo.

Todos(as): Amém.

12. LEMBRETE

No decorrer da semana, até nosso próximo encontro, sugerimos aos participantes do grupo escrever um hino de louvor, elencando todo o bem que Deus já realizou em nossa caminhada. Na medida do possível, ler o texto preparatório para o segundo encontro "Sois membros da família de Deus" e também Efésios 2,11-22. Providenciar os materiais necessários.

TEXTO PREPARATÓRIO
PARA O 2º ENCONTRO

SOIS MEMBROS DA FAMÍLIA DE DEUS
(Ef 2,11-22)

A passagem que antecede o texto escolhido para nossa reflexão neste segundo encontro traz como temática a obra da redenção realizada por Deus, sintetizando em um primeiro momento a situação anterior ao batismo dos membros da comunidade, sendo esta marcada pelo mal, pelo pecado e pela morte. Conforme seu plano, estabelecido antes da criação do mundo, Deus intervém na história inaugurando uma nova realidade, que consiste na passagem da morte à vida. Com Cristo, temos a antecipação do estado salvífico definitivo, que é a união com o Senhor Ressuscitado (Ef 2,4-7). Essa nova condição é concedida gratuitamente por Deus (Ef 2,8-10). Desse modo, o trecho de Efésios 2,11-22 é uma primeira conclusão do argumento anterior e tem a finalidade de apresentar Cristo como artífice da paz e da unidade de todos os povos. Seus interlocutores são os gentios (vv. 11-13), por serem privados dos benefícios concedidos aos judeus: de pertencerem ao povo eleito; de participarem da Aliança estabelecida com Deus; de praticarem a Lei dada a Moisés; e de se aproximarem do Deus verdadeiro.

Dessa forma, Jesus Cristo derruba o muro de separação entre esses dois povos, formando um só povo. Essa unificação de toda a humanidade é vista como o mistério oculto que Deus revelou por meio de seu Filho. Assim, Cristo é definido como "paz". A paz era um dos títulos que os rabinos davam ao Messias, provavelmente se baseando nos textos de Isaías 9,6, Miqueias 5,4 e Zacarias 9,10. A palavra "paz" tem origem hebraica, proveniente do verbo "unificar", ser "integral", "não ter divisão". Essa origem é importante, pois, quando afirma que Cristo é a paz, o autor deseja apresentá-lo como aquele que unifica todos os povos. Cristo é a paz por excelência e estar em Cristo é estar unificado. Por isso, em Efésios 2,19-22, evidencia-se as consequências da ação salvadora de Cristo, ao afirmar que os gentios não são apenas concidadãos dos judeus como também a comunidade cristã faz parte da família de Deus, da "casa de Deus", ou seja, todos os que receberam o batismo são seus parentes. Essa imagem nos remete a Êxodo 6,2-8, quando é descrito o vínculo entre Deus e o povo, ao apresentar primeiramente os patriarcas como estrangeiros e terminar com a promessa de que o povo pertencerá à família de Deus (6,6-8), ao ser resgatado da escravidão. Essa promessa é definitivamente cumprida na morte salvífica de Cristo. De fato, por meio da cruz de Jesus e pela adesão ao mistério pascal, é destruída a inimizade entre as nações e é criado um ser humano novo, que é a Igreja (formada pelos batizados). Também o conceito de concidadão dos santos nos remete a Êxodo 19,6.

Os fiéis são as pedras vivas dessa construção, que é a Igreja, a morada de Deus, e o fundamento é constituído pelo anúncio feito pelos enviados por Deus: os apóstolos e profetas, que não são personagens estáticos no passado, mas acenam para a vivacidade e o aspecto dinâmico da profecia, marcados pelo Espírito Santo. Mas essa construção tem sua estabilidade e unidade em Cristo, pedra angular. A tradição bíblica utiliza essa imagem para falar sobre a futura comunidade messiânica (Is 28,16; 1Pd 2,6) e da pedra desprezada pelos construtores, mas escolhida por Deus (Sl 118,22). Com efeito, Cristo é visto como aquele que reconcilia, estabelece a unidade e dá estabilidade à Igreja.

Essas imagens e argumentos da Carta aos Efésios nos remetem ao convite que o Papa Francisco nos faz de aprofundamento sobre a sinodalidade,[1] um termo grego que significa "caminhar juntos", que não é somente uma palavra da "moda", mas, como diz o papa, é uma dimensão constitutiva da Igreja,[2] pois é um modo peculiar que caracteriza sua vida e missão. A sinodalidade indica um modo de viver e de agir que define a comunidade eclesial tanto em suas relações internas como nas externas, com a sociedade. Para isso é necessário assumir algumas características.

A primeira é a *escuta*, uma atitude que nos exige atenção, requer uma disposição interior, um espaço vazio para acolher o(a) outro(a). É necessário esvaziar-se dos preconceitos, das polarizações e estar disposto(a) a fazer um espaço gratuito, que não impõe nada e que espera tudo. O escutar está conectado com o verbo "esperançar", que o Papa Francisco assumiu, visto que não existe escuta sem esperança e que não desperte esperança naquele(a) que é escutado(a), porque este percebe que alguém confia, acredita nele, espera algo dele(a). Escutar é um modo de reconhecimento do(a) outro(a), exige proximidade, permitindo sermos tocados(as) pela realidade

---

[1] O Sínodo, em preparação desde 2021, terá duas sessões: (1) em outubro de 2023 e (2) em outubro de 2024. O tema central é: "Por uma Igreja Sinodal: comunhão, participação, missão".

[2] COMISSÃO TEOLÓGICA INTERNACIONAL. *A sinodalidade na vida e na missão da Igreja*. Brasília: CNBB, 2018. p. 11.48. (Documentos da Igreja, 48).

do outro. O primeiro serviço que podemos prestar à comunhão é precisamente escutar, "esperançar".

O *diálogo* é a segunda característica que define a comunidade eclesial. Sinodalidade e diálogo estão em sintonia, dado que o primeiro significa "caminhar juntos(as)" e o segundo, "pensar" e "falar juntos(as)". Por isso, é necessário tornar o diálogo um lugar teológico, que exige relacionamento profundo, gerando o olhar comum para o mundo e para um projeto comum. A terceira característica é o *discernimento comunitário*, o qual parte do princípio de que: "O que afeta a todos e todas deve ser tratado e aprovado por todos e todas".[3] Tudo isso exige uma grande abertura ao Espírito Santo, ao diferente, e contemplar as vidas vulneráveis e fragilizadas. Por último, exige reconciliação, cuidado e responsabilidade. O cuidado deve caracterizar-se pelo resgate da dignidade, sobretudo, de quem está frágil e pela restauração das relações quebradas ou danificadas, rompendo os vários muros que nos dividem e criando pontes que nos unem. Como diz o Papa Francisco, após estes anos de pandemia não podemos ignorar suas consequências: "As várias crises morais, sociais, políticas e econômicas"; assim, somos chamados a "enfrentá-las com responsabilidade e compaixão, [...] promover ações de paz para acabar com os conflitos e as guerras que continuam a gerar vítimas e pobreza", "combater o vírus das desigualdades e garantir o alimento e um trabalho digno para todos. Precisamos desenvolver políticas públicas adequadas, o acolhimento e a integração, especialmente em

---

[3] CONGAR, Yves Marie. "Quod omnes tangit ab omnibus tractari et opprobari debet". *Revue historique de droit français et étranger*, 36, p. 210-259, 1958, apud LUCIANI, R. "Lo que afecta a todos debe ser tratado por todos": hacia estructuras de participación y poder de decisión compartido. *CLAR*, Bogotá, v. LVIII, n. 1, p. 65, enero/marzo 2020.

favor dos migrantes e daqueles que vivem como descartados da sociedade".[4] O caminho sinodal da Igreja é um caminho de conversão, de mudança, de compromisso, de pertença, de abandono de caminhos e estruturas que já nos deram seguranças, mas que agora se tornaram infrutíferos, e então trilharmos caminhos novos. Assim, juntos(as) poderemos buscar formas mais participativas e inclusivas, que nos permitam caminhar "com todos", como irmãos e irmãs, membros de uma única família: a família de Deus.

---

[4] FRANCISCO, Papa. *Mensagem do Santo Padre Francisco para a celebração do 56º Dia Mundial da Paz*. Vaticano, 8 de dezembro de 2022. Disponível em: <https://www.vatican.va/content/francesco/pt/messages/peace/documents/20221208-messaggio-56giornatamondiale-pace2023.html>. Acesso em: 10 dez. 2022.

2º Encontro

CRISTO, NOSSA PAZ: UNIDADE E RECONCILIAÇÃO
(Ef 2,11-22)

PREPARAÇÃO DO AMBIENTE

Expor a Bíblia aberta na Carta aos Efésios 2,11-22. Fazer um círculo com pedrinhas coloridas ou pedras de vários tamanhos e tonalidades. No meio, colocar figuras, recortes de revistas ou jornais com imagens e notícias de situações e barreiras que hoje geram divisões em nosso mundo.

1. ACOLHIDA E CANTO

Sejam bem-vindos e bem-vindas ao nosso segundo encontro sobre a Carta aos Efésios. Muitos de nós já tínhamos lido essa carta. E, no entanto, muitos daqueles(as) que não leram irão se juntar a nós, na descoberta dos ensinamentos valiosos que nos serão oferecidos.

O tema de hoje nos revela que Cristo é a "pedra angular", isto é, aquela pedra que estabelece o alicerce de um edifício. Nós somos esse edifício: membros de uma comunidade que tem o Cristo como fundamento. É ele quem nos reconcilia e congrega na unidade.

Jesus Cristo está em nosso meio e caminha conosco. Ele nos ilumina, nos fortalece, nos guia para abolir tudo o que impede o convívio pacífico na família, no trabalho, na comunidade, na Igreja e na sociedade.

Para simbolizar o nosso anseio de viver essa paz que vem da unidade, vamos dar as mãos, olhar os nossos irmãos e irmãs e juntos dizer: "Cristo Jesus é nossa paz ontem, hoje e para sempre". *(Realizar o gesto e soltar as mãos)*

Com alegria e esperança, cantemos!

Canto
A paz esteja contigo[1]

A paz esteja contigo
A paz esteja comigo
A paz esteja com ele, com ela
E com todos os irmãos.

Como Jesus pediu
Como Jesus orou
Como Jesus nos ensinou.

Paz, paz, paz na nossa Igreja
Paz na terra, em toda parte, e assim seja.

Paz pra você que tem Jesus no coração
Paz pra você que é meu amigo e meu irmão.

---

[1] OLIVEIRA, José Fernandes de (Pe. Zezinho). A Paz esteja contigo. CD: Missa: *Fazedores da Paz*. São Paulo: Paulinas-COMEP. Disponível em: <https://www.youtube.com/watch?v=AkJQjNq7bFc>. Acesso em: 24 dez. 2022.

2. ORAÇÃO

Senhor, materno Pai, Deus amado e justo, em Cristo Jesus somos nova criatura. Nós vos pedimos que abrais o nosso coração para a partilha, a justiça, o perdão e a solidariedade. Fazei de nós instrumentos de vossa paz, neste tempo que nos desafia com o individualismo, a violência, as guerras, as notícias mentirosas *(fake news)*, as discriminações e a intolerância. Protegei aqueles e aquelas que lutam pelo bem de todos, pela paz universal e pela harmonia entre os povos. Vinde em nosso auxílio Pai, Filho e Espírito Santo! Amém.

3. SÍMBOLOS

Vamos observar os símbolos que estão a nossa frente e refletir:

- O que mais chama a nossa atenção?
- Olhando para as imagens que estão dentro do círculo, percebemos as barreiras que nos impedem a construção da paz?
- Temos promovido a reconciliação, a unificação, a paz em nosso dia a dia? Dê um exemplo. *(Momento de partilha)*

4. INTRODUÇÃO À LEITURA

Neste pequeno e significativo trecho da Carta aos Efésios, aprendemos que Cristo é o artesão da paz e da unidade entre os povos. O autor, falando aos gentios por estarem privados dos benefícios que haviam sido concedidos aos judeus, revela a divisão que estava ocorrendo nas primeiras comunidades cristãs. A carta mostra que Jesus Cristo vem derrubar o muro entre os dois povos, formando um só povo. Também a comunidade cristã faz parte da unificação e, portanto, da família de Deus. Como uma "pedra angular", Cristo é aquele que reconcilia, estabelece a unidade e dá fundamento a toda a Igreja.

5. CANTO DE ACLAMAÇÃO

A Palavra está perto de ti[2]

A Palavra está perto de ti,
em tua boca, em teu coração. (2x)

6. LEITURA: EFÉSIOS 2,11-22

(Ler o texto pelo menos duas vezes e, se for possível, alternar entre voz feminina e masculina)

7. VER O TEXTO DE PERTO

- Repita o versículo ou frase que mais chamou sua atenção no texto que acabamos de ouvir.
- Comente o versículo 20: "Edificados sobre o fundamento dos apóstolos e profetas, tendo por pedra angular o próprio Cristo Jesus".
- O que significa afirmar que somos da "família de Deus"?

---

[2] TURRA, Luiz. A Palavra está perto de ti. CD: *Palavras Sagradas de Paulo Apóstolo*. São Paulo: Paulinas-COMEP. Disponível em: <https://www.youtube.com/watch?v=BU9zUi4N3Yc> e, a partitura, em: <https://www.paulinas.org.br/pub/partitura/P1195040109.pdf>. Acesso em: 20 dez. 2022.

8. CANTO

É tempo de ser Igreja[3]

Agora é tempo de ser Igreja,
caminhar juntos, participar. (2x)

1. Somos povo escolhido e na fronte assinalados,
com o nome do Senhor que caminha ao nosso lado.

2. Somos povo em missão, já é tempo de partir.
É o Senhor quem nos envia, em seu nome a servir.

3. Somos povo-esperança, vamos juntos planejar:
ser Igreja a serviço e a fé testemunhar.

4. Somos povo a caminho, construindo em mutirão,
nova terra, novo reino, de fraterna comunhão.

9. TRAZER O TEXTO PARA PERTO DE NÓS

Cristo é a pedra angular, o fundamento de nossa comunidade. Jesus é a paz que derruba os muros que nos separam, unindo-nos em um só povo. Não somos mais estrangeiros ou imigrantes, mas membros da família de Deus.

- Em nossa paróquia, somos acolhedores com os imigrantes e com aqueles que vivem na exclusão social?

- Será que o texto nos ajuda a refletir sobre a atual divisão entre os cristãos, a convivência inter-religiosa e o caminho ecumênico? Responda sim ou não e justifique.

---

[3] RICCIARDI, Maria Luiza Pedroso. É tempo de ser Igreja. CD: *Jesus, nosso irmão*. São Paulo: Paulinas-COMEP. Disponível em: <https://www.youtube.com/watch?v=F16it36QLfs>. Acesso em: 20 dez. 2022.

- O que entendemos por "sinodalidade"? No "Texto preparatório" foram elencadas algumas atitudes características para viver uma Igreja sinodal: a escuta, o diálogo, o discernimento, o cuidado, a reconciliação. Quais dessas atitudes encontramos em nossas comunidades? Quais atitudes temos mais resistência em viver no dia a dia?

10. ORAÇÃO QUE BROTA DA PALAVRA

Senhor Jesus Cristo, nosso irmão, nosso amigo e nossa paz. Ajudai-nos por meio de vosso Espírito a romper as barreiras do egoísmo, da autossuficiência, do autoritarismo e do individualismo. Ajudai-nos a entender que a comunhão entre o Pai, o Filho e o Espírito Santo é o modelo de união e de paz para todos os povos. Ajudai-nos a viver a unidade na diversidade, para que toda a humanidade seja verdadeiramente família de Deus. Pai nosso...

11. NOSSO COMPROMISSO COM A PALAVRA

O caminho sinodal é um compromisso de todos nós cristãos. É caminhando juntos, escutando uns aos outros, respeitando as diferenças, que vamos conhecer e viver a paz, anunciando a Boa-Nova a todas e todos. Converse com as lideranças de pastorais e ministérios, com o padre, o diácono, as religiosas(os), com toda a sua comunidade sobre quais atitudes podemos assumir para trilharmos esse caminho sinodal.

Dirigente: Para concluir, rezemos a oração do Sínodo:

Todos(as): Aqui estamos, diante de vós, Espírito Santo: estamos todos reunidos no vosso nome. Vinde a nós, assisti-nos, descei aos nossos corações. Ensinai-nos o que devemos fazer, mostrai-nos o caminho a seguir, todos juntos. Não permitais que a justiça seja lesada por nós pecadores, que a ignorância nos desvie do caminho, nem as simpatias humanas nos tornem parciais, para que sejamos um em vós e nunca nos separemos da verdade. Nós vo-lo pedimos a vós que, sempre e em toda parte, agis em comunhão com o Pai e o Filho pelos séculos dos séculos. Amém.

12. LEMBRETE

Se possível, ler o texto bíblico Efésios 4,1-16, o texto preparatório do 3º Encontro: "A unidade e a edificação do Corpo de Cristo" e providenciar o material solicitado.

Texto preparatório
para o 3º Encontro

A UNIDADE E A EDIFICAÇÃO DO CORPO DE CRISTO
(Ef 4,1-16)

O trecho a ser refletido em nosso encontro, Efésios 4,1-16, pode ser subdivido em três partes. A primeira traz como tema principal a unidade no amor (vv. 1-6); a segunda descreve a pluralidade dos dons (vv. 7-13); e, por fim, há um convite ao crescimento na edificação do amor (vv. 14-16). Esse texto faz parte das exortações dirigidas às comunidades, porém não tem a função de oferecer orientações práticas, mas a de ressaltar as motivações para o agir cristão.

Na primeira parte, o autor ressalta a necessidade da unidade entre os membros e elenca algumas atitudes a serem cultivadas para manter essa unidade, são elas: a humildade, a mansidão, a paciência, o suportar uns aos outros com amor e a capacidade de acolhimento. Essas atitudes desembocam no amor fraterno, que se expressa na solidariedade e na reconciliação. Elas têm como fundamento a comunhão da Trindade, a relação amorosa entre o Pai, o Filho e o Espírito; portanto, a iniciativa é de Deus e não mérito do esforço humano. Essa comunhão é marcada pelo Espírito Santo, que tem a missão de unificar os(as) batizados(as) em um só corpo, que é o corpo de Cristo: a Igreja. Ele é o artesão e a fonte da unidade, que se realiza nos relacionamentos perpassados pela paz. Mas também nos unimos quando aderimos a Cristo, o Senhor de nossas vidas, e ao acreditarmos no amor de Deus revelado em seu Filho. Essa fé foi assumida em uma comunidade por meio do batismo. Por fim, o autor apresenta Deus Pai, que nos faz irmãos e irmãs entre nós. Essa unidade também é reforçada pela fé, pela esperança e pela caridade, as chamadas "virtudes teologais", pois são concedidas aos fiéis gratuitamente, por pura iniciativa divina. Dessa maneira, a comunhão ou a unidade não é sinônimo de uniformidade, nem mero estar juntos, mas é fundamentada no amor trinitário e é enriquecida pela pluralidade de dons, dados aos membros para serem colocados a serviço da comunidade (vv. 7-13). Para reforçar esse argumento, o autor se serve do Salmo 68,19, criando uma conexão entre os verbos "subiu" e "concedeu", tendo como sujeito dessas ações: Jesus Cristo. Com o verbo "subir", somos reportados à experiência da ascensão, que contrasta com o "descer", que nos remete à encarnação, sobretudo, a paixão e morte de Jesus (v. 9). Nesse movimento de subida e descida, o autor sublinha a plenificação de todas as realidades em Cristo (celestes e terrestres), dado que ele é o mediador por excelência. Cristo também nos concede a sua graça e os dons, principalmente aqueles relacionados ao anúncio e à pregação (apóstolos, profetas, evangelistas, pastores e doutores). Esses dons são concedidos para a edificação da comunidade (v. 12). Por isso, o autor exorta para esse empenho em cultivar a unidade na pluralidade, insiste na participação de todos no crescimento eclesial, tendo como meta a "unidade da fé", "o conhecimento do Filho de Deus", a maturidade cristã (v. 13). Em uma palavra, seria a salvação, que consiste na adequada relação entre Deus e as pessoas.

Na última seção (vv. 14-16), o autor reforça o que já havia dito, ao afirmar que o cristão é conduzido a viver essa unidade na pluralidade dos dons, tendo como fundamento Cristo, que comunica a vida e dá vigor aos membros da comunidade. Constitui-se uma unidade orgânica em virtude da qual cada membro participa da riqueza dos demais e ao mesmo tempo coloca seu dom a serviço, tendo em vista a edificação da comunidade no amor. É importante ter presente que Cristo é a única fonte e a meta final desse crescimento eclesial.

Uma atividade fundamental para a unidade na diversidade é o diálogo. Assim, somos convidados ao exercício do diálogo, mas de modo amplo e profundo. O diálogo interno, dado que faz parte da identidade eclesiológica, é o diálogo entre as pastorais, os grupos existentes na comunidade, os membros da comunidade. Mas também significa dialogar sobre questões específicas relacionadas às famílias, às juventudes, à ética e a tantos outros temas que são urgentes diante dos diferentes desafios de nossa sociedade. Além do diálogo interno, é imprescindível dialogar com as outras instâncias da sociedade, com as religiões e culturas. O Papa Francisco nos desafia ao diálogo sociocultural para promover a paz, o bem comum[1] e o cuidado da criação, como casa comum de todas as criaturas;[2] o diálogo entre a fé e a ciência; o diálogo ecumênico da Igreja Católica com as outras igrejas cristãs; o diálogo inter-religioso, com as religiões não cristãs.[3] Francisco nos apresenta o diálogo como um aspecto fundamental

---

[1] FRANCISCO, Papa. *Exortação Apostólica Evangelii Gaudium*: a alegria do Evangelho. São Paulo: Paulinas, 2014. nn. 238-241.

[2] FRANCISCO, Papa. *Carta encíclica Laudato Si'*: sobre o cuidado da casa comum. São Paulo: Paulinas, 2015. n. 14.

[3] FRANCISCO, Papa. *Exortação Apostólica Evangelii Gaudium*, nn. 242-258.

no cotidiano da existência e afirma: "O diálogo estabelece-se em todos os níveis: consigo mesmo através da reflexão e da oração, em família, no seio da comunidade religiosa, entre as diversas comunidades religiosas e também com a sociedade civil. Sua condição primária é o respeito recíproco e, ao mesmo tempo, a consolidação desse respeito, a fim de reconhecer os direitos a todas as pessoas onde quer que se encontrem. Do diálogo brota maior conhecimento recíproco, maior estima recíproca e colaboração para a consecução do bem comum e para a ação solidária em relação às pessoas desprovidas do mínimo para sua sobrevivência, garantindo-lhes toda a assistência necessária".[4]

---

[4] FRANCISCO, Papa. Saudação aos participantes da reunião entre o Pontifício Conselho para o Diálogo Inter-religioso e a Comissão Palestina para o Diálogo Inter-religioso. 06/12/2017. Disponível em: <https://www.vatican.va/content/francesco/pt/speeches/2017/december/documents/papa-francesco_20171206_dialogo-interreligioso.html>. Acesso em: 24 dez. 2022. Para aprofundamento, sugere-se o livro de WOLFF, Elias. *Igreja em diálogo*. São Paulo: Paulinas, 2018. (Teologia do Papa Francisco).

3º Encontro

COM CRISTO SOMOS UM
(Ef 4,1-16)

PREPARAÇÃO DO AMBIENTE

Pôr sobre a mesa uma toalha branca, duas velas e uma Bíblia, algumas faixas escritas com os nomes dos ministérios, das pastorais que são exercidas na comunidade, de outras igrejas cristãs e de religiões não cristãs.

1. ACOLHIDA E CANTO

Bem-vindos, irmãos e irmãs, ao nosso encontro. Com perseverança e esperança, continuaremos o caminho, neste mês da Bíblia, meditando a Carta aos Efésios. Com alegria cantemos:

Canto
Viver é encontrar-se[1]

1. Juntos, bem presentes estamos e na fé celebramos nosso encontro com Deus e Senhor.

---

[1] TURRA, Luiz. Viver é encontrar-se. CD: *Viver é encontrar-se*. São Paulo: Paulinas-COMEP. Disponível em: <https://www.youtube.com/watch?v=c3dIjbq88e4>. Acesso em: 24 dez. 2022.

Temos nossa história da vida,
seja alegre ou sofrida, tudo canta em sincero louvor.

Viver é encontrar-se com Deus, com os irmãos.
No encontro com o mundo está nossa missão.

2. Gestos, todo o bem que fazemos,
nesta hora trazemos num encontro de fé, gratidão.
Passos, nos caminhos que andamos, para Deus orientamos
como um povo que quer ser irmão.

3. Tempo ocupado na luta, na mais justa labuta,
vem de encontro ao que Deus quer de nós.
Sonhos de um mundo fraterno, só o amor que é eterno,
pode nos garantir e nos dar.

2. ORAÇÃO

Dirigente: Iniciamos rezando: Em nome do Pai, do Filho e do Espírito Santo.

Todos(as): Amém.

Dirigente: Vinde, Espírito Santo, enchei os corações dos vossos fiéis e acendei neles o fogo do vosso Amor! Enviai o vosso Espírito e tudo será criado, e renovareis a face da terra.

Oremos: Ó Deus, que instruístes os corações dos vossos fiéis, com a luz do Espírito Santo, fazei que apreciemos retamente todas as coisas segundo o mesmo Espírito e gozemos sempre de sua consolação. Por Cristo Senhor nosso.

Todos(as): Amém.

3. SÍMBOLOS

Diante desses símbolos, pensemos o que eles significam para nós. *(Momento de partilha)*

4. INTRODUÇÃO À LEITURA

O texto que meditaremos, neste encontro, trata da unidade dos membros da Igreja, da consciência dos dons que Cristo concedeu pelo Espírito a cada membro, para a edificação da comunidade. Trata ainda da necessidade de reconhecer em Cristo a unidade de todos nós, apesar de nossa diversidade. Preparemos o coração para escutar a santa Palavra de Deus.

5. CANTO DE ACLAMAÇÃO

Ouvir e viver a Palavra do Senhor[2]

Vamos ler a Palavra do Senhor e
ouvir com atenção o que ele diz.

Eu ouvirei a Palavra do Senhor. (2x)
Abrirei meus ouvidos para ouvir,
eu ouvirei a Palavra do Senhor.

Meditarei a Palavra do Senhor. (2x)
Abrirei minha mente pra pensar,
meditarei a Palavra do Senhor.

Eu rezarei a Palavra do Senhor. (2x)
Clamarei o seu perdão e o louvarei,
eu rezarei a Palavra do Senhor.

Contemplarei a Palavra do Senhor. (2x)
Abrirei meu coração pra contemplar,
contemplarei a Palavra do Senhor.

---

[2] FIRMINO, Maria Verônica. *Ouvir e viver a Palavra do Senhor*. São Paulo: Paulinas-COMEP. Disponível em: <https://youtu.be/qLJHqSLSBL8>. Acesso em: 28 dez. 2022.

Eu viverei a Palavra do Senhor. (2x)
Viverei a praticar sua Palavra,
eu viverei a Palavra do Senhor.

6. LEITURA: EFÉSIOS 4,1-16

(Ler Efésios 4,1-16 pausadamente e, se for necessário, repetir duas vezes)

7. VER O TEXTO DE PERTO

- Quais atitudes os(as) cristãos(ãs) são chamados(as) a praticar, a fim de que se guarde o vínculo da paz?
- Quais dons, concedidos pelo Senhor à comunidade, são elencados pelo autor? Quais são os fundamentos da unidade da Igreja?
- Como você entende o fato de termos de crescer, todos juntos, como Corpo de Cristo?

8. CANTO

Nossa fé nos reuniu[3]

Nossa fé no mesmo Deus nos reuniu,
seu amor em Jesus Cristo nos uniu.
Em Jesus de Nazaré somos irmãos
e o mundo inteiro nos chama de cristãos.

Relembrando aquilo que Jesus pediu,
que soubéssemos viver no seu amor,

---

[3] OLIVEIRA, José Fernandes de. Nossa fé nos reuniu. CD: *Origens*. São Paulo: Paulinas-COMEP. Disponível em: <https://www.youtube.com/watch?v=wenWlYESymo>. Acesso em: 28 dez. 2022.

reunimos nesta ceia de amizade,
a comunidade do povo do Senhor.

Somos cidadãos do Reino,
do Reino de Jesus de Nazaré. (2x)

9. TRAZER O TEXTO PARA PERTO DE NÓS

O grande risco que sempre acometeu a Igreja, e continua acometendo, é o da divisão na comunidade. Para que isso não aconteça, é necessário que os cristãos tenham atitudes que guardem a unidade da paz, reconheçam em cada membro da Igreja um dom concedido pelo Senhor, para a edificação da comunidade, e em Cristo a nossa unidade fundamental.

Olhemos para a comunidade cristã da qual fazemos parte, ou para nossa vivência cristã, e respondamos:

- Temos praticado as atitudes que o autor da Carta aos Efésios elenca, para que haja paz em nossa comunidade? Haveria mais algumas que desejamos acrescentar?

- Reconhecemos naquele que pensa e evangeliza de modo diferente um dom de Cristo dado a nossa Igreja? Quais ações foram realizadas em nossa comunidade para proporcionar o diálogo ecumênico com as outras igrejas cristãs?

- Há experiências comunitárias ou pessoais com religiões não cristãs?

- Quais dons o Senhor concedeu a cada um e cada uma de nós? Estamos nos colocando a serviço para a edificação da comunidade? Como manter a unidade na pluralidade de dons?

10. ORAÇÃO QUE BROTA DA PALAVRA

Inspirados pela Palavra de Deus que meditamos e partilhamos, elevemos a Deus a nossa oração, suplicando o dom da unidade para a Igreja e para todos os cristãos, fazendo nossas as palavras da oração cristã ecumênica do Papa Francisco:[4]

Deus nosso, Trindade de amor,
a partir da poderosa comunhão da vossa intimidade divina
infundi no meio de nós o rio do amor fraterno.
Dai-nos o amor que transparecia nos gestos de Jesus,
na sua família de Nazaré e na primeira comunidade cristã.
Concedei-nos, a nós cristãos, que vivamos o Evangelho
e reconheçamos Cristo em cada ser humano,
para o vermos crucificado nas angústias dos abandonados
e dos esquecidos deste mundo
e ressuscitado em cada irmão que se levanta.
Vinde, Espírito Santo! Mostrai-nos a vossa beleza
refletida em todos os povos da terra,
para descobrirmos que todos são importantes,
que todos são necessários, que são rostos diferentes
da mesma humanidade amada por Deus. Amém.

11. NOSSO COMPROMISSO COM A PALAVRA

Diante da lista de ministérios, pastorais, igrejas cristãs e religiões não cristãs, cada participante pode escolher um para conhecer melhor, verificar quais serviços são realizados e criar formas de torná-los conhecidos, favorecendo a unidade, o conhecimento mútuo, a troca de experiências.

---

[4] FRANCISCO, Papa. *Carta encíclica Fratelli tutti*: sobre a fraternidade e a amizade social. São Paulo: Paulinas, 2020. p. 208. (Voz do Papa, 210).

Encerremos nosso encontro rezando a oração da irmandade, ensinada por Jesus Cristo: Pai nosso...

Todos(as): Em nome do Pai, do Filho e do Espírito Santo. Amém.

12. LEMBRETE

Para o próximo encontro, não deixe de ler com atenção Efésios 5,21–6,9 e o texto preparatório: "O código doméstico dos cristãos". Providenciar os materiais para o encontro e trazer uma foto, conforme solicitado no item "Preparação do ambiente" do próximo encontro.

TEXTO PREPARATÓRIO
PARA O 4º ENCONTRO

O CÓDIGO DOMÉSTICO DOS CRISTÃOS
(Ef 5,21–6,9)

A passagem de Efésios 5,21–6,9 está no contexto exortativo, contendo uma série de conselhos dirigidos para cada membro da família, no sentido de família alargada, dado que descreve deveres também para os escravos e as escravas. Essa seção é chamada de "código doméstico".

No início da perícope temos o princípio que deve regulamentar as relações entre os diversos membros da família cristã: "o temor de Cristo". É importante entender que o "temor" não é igual ao "medo", mas é essa atitude reverencial diante da grandeza do amor de Cristo. É a atitude de respeito que a criatura é chamada a ter diante do Criador, mas também de alguém que é importante para nós, como é o caso de Jesus. A novidade, nesse texto, é que a submissão não é a Deus ou a Cristo, mas "uns aos outros". A submissão consiste em se preocupar com o outro, tornar-se responsável pelos irmãos e irmãs, dado que nossa ética tem como princípio normativo o esvaziamento de Cristo e a sua total doação para a humanidade, ou seja, se o Nosso Senhor se fez servo, também nós somos chamados a estar a serviço e doar a nossa vida.

A primeira regra é dirigida às esposas (Ef 5,22-24), que são chamadas a ser "solícitas" com seus maridos, ou seja, são convidadas a cuidar, a cultivar um relacionamento de respeito, carinho, ternura, delicadeza, marcado pelo diálogo, pelo perdão, pelo compartilhamento de momentos de alegria e de tristeza. O "submeter-se" também pode ser interpretado como renunciar a determinadas atitudes para a edificação da família, trilhar o caminho do amor com suas exigências e enfrentar as fragilidades. De fato, todo relacionamento está sujeito às vicissitudes do dia a dia: problemas econômicos, instabilidades, crises matrimoniais, experiências dolorosas, conflitos, alegrias, sonhos, esperança, sendo algo que é construído constantemente. Ser solícita é compreender que o amor é um dom e consiste em aprender a promover a vida do outro. "Submeter-se" é renunciar a tantos desejos egoístas para estabelecer profundos laços de comunicação interpessoal. É suportar o outro, carregando a sua fragilidade, é ser solidária em sua dor, mas, sobretudo, alegrar-se com suas vitórias. O "submeter-se", nesse texto, não pode ser interpretado como uma submissão sexual ou de si mesma ao marido; por isso, apresenta como modelo a doação de Cristo, ou seja, essa submissão deve ser "no Senhor", tendo a ele como parâmetro, aquele que se doou totalmente para a humanidade.

Um problema na tradução do texto original da carta, que pode levar a uma interpretação equivocada, é a recomendação de Efésios 5,22-23: "As mulheres se sujeitem a seus maridos, como ao próprio Senhor, porque o marido é cabeça da mulher, como também Cristo é cabeça e Salvador da Igreja, que é seu corpo". O termo grego aí presente pode ser traduzido por "cabeça" ou "origem". A melhor tradução seria "origem", que nos reporta ao relato do Livro de Gênesis, quando a mulher é tirada do lado do homem, para ser sua companheira. Outra questão é o verbo "sujeitar-se", que pode ser traduzido por "ser solícita". É claro que esse código deve ser entendido em seu contexto situacional, sobretudo cultural, das famílias patriarcais, porém há duas inovações: (1) considerar a mulher como sujeito jurídico, capaz de ter deveres e direitos e (2) ter como fundamento das relações a experiência do amor de Cristo. Assim, se o marido parte de sua experiência cristã, sua experiência da doação total de Jesus, não irá submeter a sua esposa à escravidão, à opressão ou à perda da liberdade. Isso é confirmado quando a carta descreve, em Efésios 5,25-31, os deveres do marido. Eles são exortados a amarem suas esposas como Cristo ama a sua comunidade e se entregarem incondicionalmente a ela. Dessa forma, o texto orienta a amar a esposa tendo como fundamento o amor gratuito de Deus, manifestado em Cristo, que exclui qualquer tipo de submissão opressora (1Cor 13,1-13). De fato, os maridos são exortados a expressar o seu amor para com suas esposas, pois é importante para elas sentirem que são amadas, valorizadas, reconhecidas, por aquilo que são. Expressar também por meio de gestos de ternura, de compreensão, de aconchego, de proteção, de solidariedade e de fidelidade. Amar supõe também a capacidade de renunciar ao poder de dominar o outro, de tomar posse do outro, renunciar à satisfação pessoal à custa do outro. Nesse sentido, o autor expõe o significado desse amor que os esposos são chamados a ter para com as esposas, isto é, a amá-las como amam e cuidam do próprio corpo.

Nesse contexto é feita menção ao banho, que era um costume tanto na cultura grega como na judaica, de conduzir a noiva na véspera do casamento às águas provenientes da natureza (da chuva, do rio), como um rito de passagem da mulher de solteira para casada. Porém, o autor cita esse banho como metáfora para o batismo, pelo qual as pessoas, após a adesão a Cristo, fazem a experiência de serem mergulhadas no mistério pascal, passando de pecadoras para redimidas; representando, portanto, uma nova criação.

Outra imagem comparativa usada pelo autor de Efésios é tirada de Gênesis 2,24, quando afirma que o homem se une a sua mulher e são uma só carne. Assim também serão Cristo e a comunidade, visto que a Igreja é o Corpo de Cristo, e não há divisão nessa aliança entre Cristo e os(as) batizados(as), dado que, após a adesão e o batismo, o(a) batizado(a) é membro(a) da comunidade de fé, e todos formam o Corpo de Cristo. Nesse texto, são utilizadas imagens profundas para falar da Igreja, mas também para expressar o mistério do amor entre duas pessoas, pois, da mesma forma que a união de Cristo com a comunidade expressa o grande amor entre eles, o amor entre os esposos expressa a revelação do amor de Deus para com a humanidade.

Os filhos também são convidados a respeitar os pais, tendo como motivação o mandamento de "honrar pai e mãe", e é dito que é o primeiro mandamento com promessa, ou seja, quem assim o fizer terá vida longa e será feliz. Também pode ser considerado como primeiro mandamento destinado ao próximo, pois os primeiros referem-se à relação com Deus. Essa recomendação nos remete ao texto de Eclesiástico 3,3-7.14-17a, quando faz um comentário detalhado do quarto mandamento: "Honra teu pai e tua mãe" (Ex 20,12; Dt 5,16), no qual é notória a igualdade de tratamento tanto para o pai como para a mãe. O autor recomenda aos filhos, tantos os jovens como os adultos, a terem carinho e respeito para com seus pais, pois é necessário honrar pai e mãe

(vv. 3-5), respeitá-los (v. 7), não abandonar o pai (v. 16) e consolar a mãe (v. 6). O dom que os pais podem fazer aos filhos é dar-lhes sua bênção (vv. 8-9), fonte de prosperidade e fecundidade. Na Carta aos Efésios, o dom a ser recebido é a vida longa. Entre as promessas dadas aos filhos pelo cuidado com os seus pais, são ressaltados: o perdão dos pecados (Eclo 3,3.15); a posse de tesouros (Eclo 3,4); a alegria com relação aos filhos (v. 5); a vida longa (v. 6); e a oração atendida (v. 5).

Os pais também são exortados a não dar motivos para os filhos se revoltarem contra eles. Isso significa acolhê-los em suas diferentes fases, animá-los em seus empreendimentos, alegrando-se com suas conquistas, consolando-os diante dos fracassos, orientando-os em suas decisões, corrigindo-os quando necessário, tendo paciência com os seus processos, mas sempre inspirados pela experiência que fazem de Cristo. A correção ou advertência aos filhos não deve partir da ira ou da raiva momentânea, mas deve ser marcada pelo amor, algo que parte da escuta da vontade de Deus.

A última categoria de pessoas a receber deveres são os escravos, as escravas e os patrões. Os(As) escravos(as) são chamados(as) a realizar suas tarefas não como uma obrigação ou algo imposto, mas como um estar a serviço, característica daqueles(as) que aderiram a Cristo servo, dado que com certeza estes também tinham direito de ser cristãos(ãs). Infelizmente, não há no texto uma ideia de fim da escravidão, mas são oferecidos critérios e princípios para suavizar a situação dessas pessoas escravizadas. Nota-se que são dadas também normas de como o patrão (senhor) deve tratar seus escravos e escravas, ou seja, deve obedecer à vontade de Deus e proceder como cristão. Com isso, talvez, o autor de

Efésios tentasse evitar as ameaças e as crueldades a que os(as) escravos(as) eram submetidos(as). Outro dado a ressaltar é que o senhor de escravos é chamado a tomar consciência de que ele também é servo do Senhor, tanto quanto o seu escravo cristão, e que Cristo Senhor não faz acepção de pessoas, ou seja, não age por preconceito, considerando o outro inferior, mas todos(as) são irmãos e irmãs em Cristo. Verifica-se no texto uma tentativa de mudança nas estruturas sociais, ao dar critérios do agir cristão nessas relações cotidianas, sejam com familiares, seja nas relações de trabalho.

Em nossa realidade, refletir sobre a família é um grande desafio, pois nos últimos anos aconteceram mudanças histórico-culturais significativas e a superação da imagem tradicional de família. Apontaremos alguns desafios, como um início de conversa: a necessidade de criar relações familiares, nas quais todos sejam sujeitos; potenciar a família, para que ela encontre um lugar como experiência de ação na Igreja e na sociedade; promover políticas de proteção social da família; estimular a participação na vida social e política;[1] proporcionar momentos nos quais as famílias, em suas diferentes configurações, possam refletir sobre as relações afetivas e familiares.

Outro desafio é o mundo do trabalho, na sociedade complexa em que vivemos. Diante desses códigos domésticos voltados ao mundo do trabalho, sugeridos pela Carta

---

[1] Cf. GALINDO GARCÍA, Ángel. Família: globalização, perspectivas e valores à luz da Doutrina Social da Igreja. In: XACHARIAS, Ronaldo; MANZINI, Rosana (Org.). *Magistério e Doutrina Social da Igreja*: continuidade e desafios. São Paulo: Paulinas, 2016. p. 168-191. Outra sugestão é o documento: FRANCISCO, Papa. Exortação Apostólica Pós-Sinodal *Amoris Laetitia*: sobre o amor na família. São Paulo: Paulinas, 2016.

aos Efésios, acreditamos que haja uma oportunidade para conhecermos melhor a Doutrina Social da Igreja e o Trabalho, sobre a dignidade dos trabalhadores e trabalhadoras e o respeito aos seus direitos.[2]

---

[2] Para aprofundar sobre a Doutrina Social da Igreja e o Trabalho, pode-se conferir a obra do PONTIFÍCIO CONSELHO "JUSTIÇA E PAZ". *Compêndio da Doutrina Social da Igreja*. São Paulo: Paulinas, 2005. p. 155-214. Outra sugestão é o documento FRANCISCO, Papa. *Carta encíclica Fratelli tutti*: sobre a fraternidade e a amizade social. São Paulo: Paulinas, 2020. (Voz do Papa, 210); e, ainda, GASDA, Elio Estanislau. *Doutrina social*: economia, trabalho e política. São Paulo: Paulinas, 2018. (Teologia do Papa Francisco).

4º Encontro

O AGIR CRISTÃO NAS RELAÇÕES COTIDIANAS
(Ef 5,21–6,9)

PREPARAÇÃO DO AMBIENTE

Pôr no centro uma Bíblia, dispor ao redor fotos de casamento dos membros do grupo, duas alianças, outras imagens de famílias de recortes de jornais, revistas e/ou internet, fotos de casais com os filhos, família ampliada (avós, outros parentes), de novas configurações familiares etc. Pôr também uma carteira de trabalho, gravuras de pessoas trabalhando em diferentes profissões e, se possível, o documento *Amoris Laetitia* (AL).

1. ACOLHIDA E CANTO

Irmãos e irmãs, sejam bem-vindos(as) ao nosso encontro! Acolhamo-nos como famílias geradas não só por laços sanguíneos como também pelo vínculo da mesma fé em Jesus Cristo. Nossa caminhada foi longa, mas ao mesmo tempo prazerosa, proporcionando-nos a experiência de sermos família gerada e cultivada no seio da comunidade cristã. Com alegria, entoemos o canto de louvor pela nossa família, que é um grande presente de Deus!

Canto

Ilumina, ilumina[1]

Minha prece de pai é que meus filhos sejam felizes
Minha prece de mãe é que meus filhos vivam em paz
Que eles achem os seus caminhos
Amem e sejam amados
Vivam iluminados.

Nossa prece de filhos é prece de quem agradece
Nossa prece é de filhos que sentem orgulho dos pais
Que eles trilhem os Teus caminhos
Louvem e sejam louvados
Sejam recompensados.

Ilumina, ilumina
Nossos pais, nossos filhos e filhas!
Ilumina, ilumina
Cada passo das nossas famílias! (2x)

Minha prece, ó Senhor, é também pelos meus familiares
Minha prece, ó Senhor, é por quem tem um pouco de nós
Que eles achem os seus caminhos
Amem e sejam amados
Vivam iluminados.

Nossa prece, ó Senhor, é também pelos nossos vizinhos
Por quem vive, e trabalha, e caminha conosco, Senhor
Que eles achem os seus caminhos
Amem e sejam amados
Vivam iluminados.

---

[1] OLIVEIRA, José Fernandes de (Pe. Zezinho). Ilumina, ilumina. CD: *12 sucessos*. São Paulo: Paulinas-COMEP. Disponível em: <https://www.youtube.com/watch?v=a4KoLMSobVo>. Acesso em: 26 dez. 2022. São Paulo: Paulinas-COMEP.

2. ORAÇÃO

O Papa Francisco nos diz que: "Se a família consegue concentrar-se em Cristo, ele unifica e ilumina toda a vida familiar".[2] Rezemos, pedindo que o espírito de comunhão reine nos lares do mundo inteiro, para que todas as famílias aprendam a viver a unidade na diversidade.

Oremos: Trindade santa, Pai, Filho e Espírito Santo, presente e atuante na história humana, reinai na mente e no coração de todo homem e mulher que professa a fé em vós. Ensinai-nos a viver a tolerância, o respeito, a irmandade e o santo temor a Deus, para que as famílias cristãs sejam um sinal visível de vosso amor no mundo. Socorrei os trabalhadores e trabalhadoras e dai-nos ousadia profética para lutarmos por legislações conforme o Evangelho e promovermos a justiça e a paz. Tudo isso vos pedimos pela intercessão de Maria, Mãe de Deus, e São José, seu esposo. Amém.

3. SÍMBOLOS

Como comunidade orante, olhemos as fotos e gravuras a nossa frente e digamos:

- Quais sentimentos brotam dentro de nós?
- Qual seria a reação de Jesus diante da realidade familiar hoje? Preconceito? Acolhida? Misericórdia e compaixão?
- Qual foi a última vez em que agradeci a Deus pela minha família?

---

[2] FRANCISCO, Papa. *Exortação Apostólica pós-sinodal Amoris Laetitia*: sobre o amor na família. São Paulo: Paulinas, 2016. n. 317. (Voz do Papa, 202).

- Em nossa comunidade, como a Pastoral Familiar acolhe os casais de segunda união?
- Refletimos sobre os direitos trabalhistas e sobre a realidade do trabalho? Há desempregados(as) em nosso meio? Como exercer a solidariedade nessas realidades? *(Momento de partilha)*

4. INTRODUÇÃO À LEITURA

Os versículos sobre os quais vamos refletir neste encontro falam da relação familiar proposta pela Carta aos Efésios, que começa pelo casal, passa pelos filhos, até chegar aos escravos, pois assim era a família patriarcal do tempo em que a carta foi escrita, sendo que todo o poder era do pai de família. É nesse contexto que compreendemos o que significa "família alargada".

As exortações do capítulo cinco da Carta nos introduzem na compreensão do amor-serviço. Não se trata de uma relação de poder do homem sobre a mulher, mas de uma relação de amor mútuo. O autor sagrado, ao exortar as esposas a serem solícitas com seus maridos, apresenta-nos como o casal deve proceder para viver um relacionamento saudável.

Nesse sentido, os maridos também são convidados a cuidar, respeitar, valorizar, perdoar e dialogar com suas esposas, ou seja, amá-las. Quanto aos filhos, o autor reforça o mandamento de "honrar pai e mãe", sendo que o maior bem que os pais devem dar aos filhos é a bênção para que tenham vida longa e prosperidade. No tocante ao tratamento dos(as) escravos(as), estes(as) deviam ser considerados(as) como membros da família, no sentido de família alargada, visto que seus senhores tinham de levar em conta os princípios cristãos em relação a eles. Na atualidade, em que há uma relação de empregado e empregador, e não de escravo e senhor, o(a) trabalhador(a) precisa ser reconhecido(a) em seus direitos e remunerado(a) com justiça.

5. CANTO DE ACLAMAÇÃO

A Palavra está perto de ti[3]
A Palavra está perto de ti,
em tua boca, em teu coração.

6. LEITURA: EFÉSIOS 5,21–6,9

(Ler o texto pausadamente, sentindo cada palavra, e, se possível, intercalar os leitores)

7. VER O TEXTO DE PERTO

- Quais palavras desse texto tocaram minha mente e meu coração?
- Quais sentimentos, palavras e ações me interpelam? Quais atitudes sou chamado(a) a assumir para que minha família seja mais cristã e fraterna?
- Assumo minha família com amor e gratidão?
- Como esposo, respeito minha esposa ou a trato apenas como mãe dos meus filhos?
- Como compreendo a relação entre patrão e escravo no texto lido?

---

[3] TURRA, Luiz. A Palavra está perto de ti. CD: *Palavras Sagradas de Paulo Apóstolo*. São Paulo: Paulinas-COMEP. Disponível em: <https://www.youtube.com/watch?v=BU9zUi4N3Yc> e, a partitura, em: <https://www.paulinas.org.br/pub/partitura/P1195040109.pdf>. Acesso em: 20 dez. 2022.

8. CANTO

Trabalhadores[4]

Deus abençoe os lixeiros e as varredeiras
e os operários que sujam as mãos
e o limpador de bueiros e as lavadeiras
e quem se suja de graxa e sabão!

Trabalhadores, trabalhadoras,
Deus também é trabalhador!

Deus abençoe os banqueiros, e os fazendeiros
e os comerciantes e os industriais
e os ilumine também, pra que não explorem
nem especulem, nem ganhem demais!

Deus abençoe os artistas e educadores
e os sonhadores do lado de lá
e os ilumine também, pra que não se esqueçam
que tem criança do lado de cá!

Deus abençoe os profetas e os religiosos,
que gostam muito de profetizar,
e os ilumine também, pra que não imaginem
que só seu grupinho é que vai se salvar!

Deus abençoe as mulheres trabalhadoras,
porque trabalham duas vezes mais,
e as abençoe também, pra que não se cansem,
porque sem elas não vai haver paz!

---

[4] OLIVEIRA, José Fernandes de (Pe. Zezinho). Trabalhadores. CD: *Canções que a fé escreveu*. São Paulo: Paulinas-COMEP. Disponível em: <https://www.youtube.com/watch?v=s5kU0_x5ZFg>. Acesso em: 26 dez. 2022.

Deus abençoe os eleitos e os eleitores
e quem governa este nosso país
e os ilumine também, pra que não se esqueçam
do excluído e do mais infeliz!

9. TRAZER O TEXTO PARA PERTO DE NÓS

Como vimos no texto preparatório, a passagem de Efésios 5,21–6,9 apresenta algumas exortações para cada membro da família. Como o texto é dirigido à comunidade cristã, o autor começa pelo temor a Deus, em uma perspectiva de reverência diante da prova de amor que Deus nos dá por meio de Jesus Cristo. Amor que nos impulsiona a amarmos uns aos outros. A primeira regra é dirigida às esposas, em seguida aos maridos, depois aos filhos, aos pais em relação aos filhos e, por fim, aos(às) escravos(as) e senhores (patrões). Nessa dinâmica, percebe-se o sentido de família alargada daquele tempo, diferenciando-se da chamada "família nuclear" (pai, mãe e os filhos). Se lermos o texto com bastante atenção, é possível perceber que essas regras não são um fardo difícil de levar; ao contrário, proporcionam leveza e um ambiente saudável em todos os sentidos, fazendo com que esposo e esposa santifiquem a família. Ao ter como pano de fundo o texto meditado, perguntemo-nos:

- Nossa relação matrimonial é de reciprocidade ou apenas de cobrança? Sinto-me amada e valorizada como esposa, ou sou submissa? Sinto-me amado e valorizado como esposo?

- Estamos educando nossos filhos para que sejam homens e mulheres livres ou dependentes de nós?

- Estamos dando testemunho cristão para que nossos filhos sejam também discípulos missionários de Jesus, ou apenas cobramos deles uma vida religiosa, a qual nós mesmos não vivemos?

- Como trato meus funcionários, colaboradores ou os outros profissionais que me prestam serviço (segurança, comércio, saúde, educação, transporte etc.)? Trato-os com dignidade ou com exploração? Vejo-os como irmãos e irmãs, pessoas dignas de respeito, ou não?

- Quais ações a minha comunidade realiza em prol dos trabalhadores(as)? De legislações justas? De solidariedade com os desempregados? E de direitos trabalhistas?

- Refletimos sobre a Doutrina Social da Igreja referente à família e ao trabalho? Há alguma formação em nossa paróquia, comunidade, diocese sobre a Doutrina Social da Igreja?

10. ORAÇÃO QUE BROTA DA PALAVRA

"À medida que a família cristã acolhe o Evangelho e amadurece na fé, torna-se comunidade evangelizadora."[5] Em comunhão com os cristãos do mundo inteiro, dirigimos nossas preces a Deus, pedindo amor, diálogo, carinho, compreensão e respeito para todas as famílias, crentes e não crentes, e a cada prece digamos: "Jesus, Maria e José, nossa família vossa é". *(Orações espontâneas)*

---

[5] JOÃO PAULO II, Papa. *Exortação apostólica Familiaris Consortio*: sobre a função da família cristã no mundo de hoje. São Paulo: Paulinas, 2021. n. 52.

11. NOSSO COMPROMISSO QUE BROTA DA PALAVRA

Neste encontro compreendemos que, no matrimônio cristão, a relação entre marido e mulher não é de submissão, mas de amor mútuo, a exemplo da relação entre Cristo e a Igreja. Amor esse que se concretiza na prática do serviço um ao outro, no diálogo fraterno, na fé madura que educa os filhos para a responsabilidade. Vimos também a necessidade de refletir sobre o trabalho e de lutar por condições dignas, porque, assim como todo cristão é servo do Senhor e serve com alegria e amor, cada um(a) é chamado(a) a viver a serviço uns dos outros em uma relação de reciprocidade e não de subordinação. À luz dessa Palavra, assumimos o compromisso de reforçar os laços de amizade entre os membros de nossas famílias; fomentar o diálogo e o amor em nossos lares; perdoar-nos mutuamente como verdadeiros filhos e filhas de Deus; escutar os sonhos e as frustrações de nossos filhos e filhas; enfim, fazer com que a Palavra meditada se torne vida em nós. Com o coração agradecido e cheios de alegria, junto com Jesus, nosso irmão mais velho, dirijamos nosso coração a Deus como filhos e filhas amados, cantando a "Oração pela Família":[6] *(Pode-se cantar somente o refrão)*

Que nenhuma família comece em qualquer de repente
Que nenhuma família termine por falta de amor
Que o casal seja um para o outro de corpo e de mente
E que nada no mundo separe um casal sonhador!

---

[6] OLIVEIRA, José Fernandes de (Pe. Zezinho). Oração pela família. CD: *Sol Nascente, Sol Poente*. São Paulo: Paulinas-COMEP. Disponível em: <https://www.youtube.com/watch?v=XVsvmDoNUZU>. Acesso em: 26 dez. 2022.

Que nenhuma família se abrigue debaixo da ponte
Que ninguém interfira no lar e na vida dos dois
Que ninguém os obrigue a viver sem nenhum horizonte
Que eles vivam do ontem, do hoje
em função de um depois!

Que a família comece e termine sabendo onde vai
E que o homem carregue nos ombros a graça de um pai
Que a mulher seja um céu de ternura,
aconchego e calor
E que os filhos conheçam a força que brota do amor!

Abençoa, Senhor, as famílias! Amém!
Abençoa, Senhor, a minha também! (2x)

Que marido e mulher tenham força
de amar sem medida
Que ninguém vá dormir sem pedir
ou sem dar seu perdão
Que as crianças aprendam, no colo, o sentido da vida
Que a família celebre a partilha do abraço e do pão!

Que marido e mulher não se traiam
nem traiam seus filhos
Que o ciúme não mate a certeza do amor entre os dois
Que no seu firmamento a estrela que tem maior brilho
Seja a firme esperança de um céu aqui mesmo e depois!

Que a família comece e termine sabendo onde vai
E que o homem carregue nos ombros a graça de um pai
Que a mulher seja um céu de ternura,
aconchego e calor
E que os filhos conheçam a força que brota do amor!

Abençoa, Senhor, as famílias! Amém!
Abençoa, Senhor, a minha também! (2x)

Dirigente: Concluímos nosso encontro. Em nome de Deus Pai-Mãe, do Filho e do Espírito Santo!

Todos(as): Amém.

12. LEMBRETE

Cristo é o centro unificador de todas as coisas visíveis e invisíveis. Como família cristã, preparemo-nos para a celebração de encerramento do estudo da Carta aos Efésios, que será no próximo encontro. Vamos celebrar a alegria de sermos membros da família do povo de Deus.

Antes da celebração, seria importante nos perguntar: o que mudou no meu modo de pensar e de agir após o estudo da Carta de Efésios? Lembremo-nos de providenciar os materiais que serão utilizados na celebração, e até o próximo encontro!

Celebração de encerramento

"VESTIR-SE DA NOVA HUMANIDADE"
(Ef 4,24)

PREPARAÇÃO DO AMBIENTE

Pôr a Bíblia aberta em Efésios 4,17-32; uma vela, uma jarra com água, uma cartolina com um coração grande desenhado no centro, atravessado por uma cruz (se não for possível, pode ser um coração desenhado na cartolina e uma cruz); num cestinho ou ao lado, pôr corações pequenos de cartolina (ou de papel) para cada participante.

ACOLHIDA E CANTO

Dirigente: Com um sorriso acolhedor, olhemos com ternura para quem está ao nosso lado e digamos em alta voz: "Boas-vindas! Graça e paz!". *(Realizar esse gesto)*

Dirigente: Celebrando a presença do Deus da vida, que faz novas todas as coisas, procuremos, com o coração dócil, estar atentos diante do insondável mistério de seu amor, que vem a nós derramando suas bênçãos e nos chamando a ser novas criaturas em seu Filho amado. Cantemos, invocando o Espírito Santo:

Envia teu Espírito, Senhor
e renova a face da terra. (3x)

Dirigente: Que bênção estarmos reunidos(as) em torno da Palavra! Como a água que lava e purifica, a Palavra nos renova "na justiça e na santidade que vem da verdade" (Ef 4,24).

Cantemos, meditando as palavras e expressões do canto *És água viva:*[1]

Eu te peço desta água que tu tens
é água viva meu Senhor,
Tenho sede, tenho fome de Amor
e acredito nesta fonte de onde vens!

Vens de Deus, estás em Deus, também és Deus
e Deus contigo faz um só.
Eu, porém que vim da terra e volto ao pó
quero viver eternamente ao lado teu.

Es água viva, és vida nova
e todo dia me batizas outra vez,
me fazes renascer,
me fazes reviver.
Eu quero água desta fonte de onde vens!

Dirigente: Os símbolos que aqui estão, a água, o coração com a cruz, o que nos levam a refletir? *(Momento de partilha)*

ORAÇÃO

Senhor, atendendo ao apelo para conhecer sempre mais a vossa Palavra de sabedoria e de vida, diante de vós agradecemos por todas as graças e bênçãos. Pedimos-vos,

---
[1] OLIVEIRA, José Fernandes de (Pe. Zezinho). És água viva. CD: *Sol nascente, Sol poente*. São Paulo: Paulinas-COMEP. Disponível em: <https://www.youtube.com/watch?v=doS862FCUVk>. Acesso em: 26 dez. 2022.

fortalecei nossa fé e nosso ardor na procura e na prática de vossos ensinamentos. Precisamos romper com todo tipo de idolatria e de maldade, na certeza de vossa misericórdia e poder que agem em nós, realizando muito mais do que pedimos ou imaginamos (Ef 3,20). Nós vos louvamos e vos damos glória, hoje e sempre! Amém.

INTRODUÇÃO À LEITURA

Com toda atenção e solicitude, o autor do trecho que iremos ler nos convida a remover toda dureza e toda futilidade que se aninham em nosso coração. Mas também nos convoca a vermos o projeto de Deus, que nos incorpora na comunidade de Jesus e na unidade da Trindade Santa. Para isso, apresenta as exigências da vida cristã no cotidiano: abandonar os comportamentos contrários ao Evangelho e assumir um novo estilo de vida. Isso exige uma nova mentalidade, novas formas de relacionarmo-nos comunitariamente e uma mudança nas relações sociais, a fim de que nos tornem novas criaturas. Tudo isso supõe cultivar nosso processo de humanização das relações.

Canto
Nova criatura[2]

Se alguém está em Cristo é nova criatura,
É nova criatura, se alguém está em Cristo.

---

[2] TURRA, Luiz. Nova criatura. CD: *Palavras Sagradas de Paulo Apóstolo*. São Paulo: Paulinas-COMEP. Disponível em: <https://www.youtube.com/watch?v=wLJgbb-iU_s> e, a partitura, em: <https://www.paulinas.org.br/pub/partitura/P1195040115.pdf>. Acesso em: 20 dez. 2022.

LEITURA: EFÉSIOS 4,17-32

(Ler Efésios 4,17-32, pausadamente e, se for possível, alternar leitura entre mais pessoas)

VER O TEXTO DE PERTO

- O que chamou sua atenção neste texto?
- Que traços da nova humanidade em Cristo são apresentados no texto?

TRAZER O TEXTO PARA PERTO DE NÓS

O texto acentua a realidade de mudança da velha para a nova criatura, renovada em Cristo. Há ainda comunidades cristãs que vivem o esquema das sociedades injustas e opressoras de antigamente, longe de Cristo, e há outras que se unem a Cristo para viver o batismo, no empenho de ser fiéis no seguimento de Jesus, verdadeiramente como discípulas missionárias. Diante de nossa realidade, podemos perguntar:

- Quais apelos o Senhor nos faz por meio do texto em Efésios 4,17-32?
- Por meio da minha experiência de batismo, o que significa para mim revestir-me da nova humanidade? Em que consiste humanizar minhas relações no dia a dia?
- Após este estudo da Carta aos Efésios, o que trago no coração para melhor viver seus ensinamentos?

ORAÇÃO QUE BROTA DA PALAVRA

Agradecemos a Deus por sua presença misericordiosa entre nós, que suscita sempre o ardente desejo de crescer na fé, na esperança, na caridade, e de ser nova criatura em Jesus Cristo. Pedimos também a graça para que a Igreja não seja lesada na sua unidade; e para que, como criaturas transformadas, possamos ser pessoas "bondosas, compreensivas, perdoando-nos mutuamente, assim como Deus nos perdoou em Cristo" (Ef 4,32). Amém.

NOSSO COMPROMISSO COM A PALAVRA

Percebemos fortes apelos que nos faz a Palavra nesta celebração: que o Espírito Santo não seja entristecido; que o perdão tempere as relações humanas; que a verdade seja vivenciada na caridade; que sejamos bondosos e compreensivos, e tantos outros. Neste momento, podemos pegar um coração de papel e pensar: "Que compromisso sou chamada(o) a assumir?" *(Cada um pega um coração e expressa espontaneamente seu compromisso. Depois o coloca sobre a cartolina, formando uma cruz)*

BÊNÇÃO FINAL

Dirigente: Para encerrar nossa caminhada do Mês da Bíblia de 2023, vamos rezar espontaneamente, com muito amor e gratidão, o Creio do chamado:

Leitor(a) 1: Cremos que Deus nos abençoou com todas as bênçãos espirituais e nos predestinou a sermos seus filhos e filhas adotivos, por intermédio de Cristo (Ef 1,3.5).

Todos(as): Bendito seja o nome do Senhor, agora e por toda a eternidade!

Leitor(a) 2: Cremos que Deus nos escolheu em Cristo antes de criar o mundo para sermos santos e irrepreensíveis diante dele no amor (Ef 1,4).

Todos(as): Bendito seja o nome do Senhor, agora e por toda a eternidade!

Leitor(a) 3: Cremos que Cristo nos concedeu dons diversos para a edificação e unificação do seu corpo: a Igreja (Ef 4,11-12).

Todos(as): Bendito seja o nome do Senhor, agora e por toda a eternidade!

Leitor(a) 1: Cremos que somos chamados a comportar-nos de maneira digna da vocação que recebemos, com humildade, mansidão, paciência, e suportando-nos uns aos outros no amor (Ef 4,1-2).

Todos(as): Bendito seja o nome do Senhor, agora e por toda a eternidade!

Leitor(a) 2: Cremos que Deus, por meio do seu poder que age em nós, pode realizar tudo infinitamente, além do que pedimos ou imaginamos (Ef 3,20).

Todos(as): Bendito seja o nome do Senhor, agora e por toda a eternidade!

Leitor(a) 3: Cremos que fomos marcados pelo sinal do Espírito Santo, que é a garantia de nossa herança (Ef 1,14), e revestidos da nova humanidade (Ef 4,24).

Todos(as): Bendito seja o nome do Senhor, agora e por toda a eternidade!

Dirigente: "Que Deus Pai e o Senhor Jesus Cristo concedam a todos nós, irmãos(ãs), paz e amor com fé. E que a graça esteja com todos(as) que amam nosso Senhor Jesus Cristo para sempre!" (Ef 6,23-24).

Todos(as): Amém.

Canto

Por tudo dai graças[3]

Por tudo dai graças,
por tudo dai graças!
Dai graças por tudo,
dai graças!

---

[3] TURRA, Luiz. Por tudo dai graças. CD: *Palavras Sagradas de Paulo Apóstolo*. São Paulo: Paulinas-COMEP. Disponível em: <https://www.youtube.com/watch?v=FQEkXpW8sDs> e, a partitura, em: <https://www.paulinas.org.br/pub/partitura/P1195040102.pdf>. Acesso em: 20 dez. 2022.

MARATONA BÍBLICA 2023

Para a maratona, foi utilizado como fonte de pesquisa este subsídio do Mês da Bíblia 2023: Carta aos Efésios: "Vestir-se da nova humanidade" (Ef 4,24), como também esse livro bíblico destinado aos Efésios. A maratona nos ajuda a estudar essa carta, que tem como finalidade fortalecer a unidade e estabelecer a paz, tendo como fundamento a fé em Cristo Jesus.

1) Quantos capítulos tem a Carta aos Efésios?

    a) 12 capítulos
    b) 4 capítulos
    c) 8 capítulos
    d) 6 capítulos

2) Essa carta é também chamada:

    a) Protopaulina
    b) Tritopaulina
    c) Deuteropaulina
    d) Católica

3) O corpo da carta é dividido em duas partes. Quando se inicia e termina a parte exortativa:

    a) Efésios 1,3-14
    b) Efésios 4,1–6,20
    c) Efésios 2,1–3,21
    d) Efésios 6,21-24

4) Quantas vezes o autor afirma em Efésios que Paulo é prisioneiro?

   a) Três vezes
   b) Quatro vezes
   c) Uma vez
   d) Duas vezes

5) Qual é o nome da pessoa mencionada, em Efésios, como "irmão amado e fiel servidor do Senhor"?

   a) Timóteo
   b) Barnabé
   c) Tíquico
   d) Tito

6) Em Efésios 2, o autor afirma que somos:

   a) Estrangeiros e forasteiros
   b) Amigos de Jesus
   c) Membros da família de Deus
   d) Enviados pelo Espírito Santo

7) De onde é extraída a citação do Antigo Testamento mencionada em Efésios 4?

   a) Am 5,13
   b) Sl 33,2-3
   c) Is 26,19
   d) Sl 68,19

8) Em Efésios 2,11-22, o autor afirma que Cristo é:
   a) Nossa alegria
   b) Nossa esperança
   c) Nosso amigo
   d) Nossa paz

9) Qual passagem aborda a relação entre o esposo e a esposa?
   a) Efésios 5,15-20
   b) Efésios 6,1-4
   c) Efésios 5,21-33
   d) Efésios 6,5-9

10) Cite três eixos teológicos da Carta aos Efésios:
    1) _____,
    2) _____ e
    3) _____

11) Ao colocar as letras correspondentes abaixo dos símbolos, você construirá uma frase que está na Carta aos Efésios.

12) Cruzadinha horizontal

Encontre as seguintes palavras: Corpo de Cristo, Deus, Efésios, Espírito, Evangelho, Herança, Jesus, Justiça, Maturidade, Novo, Gentios, Pai, Senhor.

13) Caça-palavras

Encontre as seguintes palavras: Bênçãos, Tíquico, Redenção, Cristo, Mistério, Corpo de Cristo, Evangelho, Salvação, Maligno, Paulo, Herança, Humildade, Apóstolos, Profetas.

```
M C Q Q L I G M A V H O É R I
E Q O V E V A N G E Ã L A H C
V M A R T P O S V Ç É Ç Q B R
A É O A P R T H N V N Q Ã É I
N Q N P M O U E L A V Ó Q R S
S M G Ó Q F D U R E S L O K T
E A I T M E M E M U G C V Í O
B H L S R T H M C O E N Q Ã É
V E A O Q A D E N R N U A H U
E M N Ã H S Í G O U I G L V M
H F A Ç D A D P E C F S U M E
O Q G A Ã D R Ç O M O Ã T D A
N Ã L V Í O J A H L E H Í O M
G E Í L C U S U O Ã U R B I S
I K Ó A L H A T Ç Ó A A S L R
L É M S Q V S W N P Q T P A H
A W Ã U H Ó M M E N É G Í M J
M Ã Ç L P L X W B R H V S U F
É Ã O A É H U M I L D A D E S
O E V N G Ç Ã O R A S E U P V
```

AVALIAÇÃO

Estimada amiga e estimado amigo da Palavra, você que participou do grupo de reflexão ou círculo bíblico deste ano, desejamos ouvir sua opinião. Ela é muito importante e nos ajudará na preparação do próximo "Mês da Bíblia".

Responda:

- Que aspectos foram bons e ajudaram neste fascículo?

  _____

  _____

  _____

- O que pode ser melhorado?

  _____

  _____

  _____

- Quais são suas sugestões e as de seu grupo?

  _____

  _____

  _____

Envie as respostas pelo e-mail: sab@paulinas.com.br; WhatsApp: (31) 99954-4802.

Ou para:

SAB – Serviço de Animação Bíblica

Av. Afonso Pena, 2142 – 5º Andar
Bairro: Funcionários
CEP: 30130-007 – Belo Horizonte – MG

Desde já agradecemos sua colaboração!

Shema' – Grupo de Reflexão Bíblica do SAB/Paulinas

MÊS DA BÍBLIA NO BRASIL

O Mês da Bíblia surgiu em 1971, por ocasião dos 50 anos da Arquidiocese de Belo Horizonte – MG. Foi levado adiante com a colaboração efetiva do Serviço de Animação Bíblica – SAB/Paulinas, até ser assumido pela Conferência Nacional dos Bispos do Brasil (CNBB), em parceria com o SAB, até 1995, e, assim, estendeu-se ao âmbito nacional. Em 1999, com o projeto de evangelização Rumo ao Novo Milênio, a escolha do tema e do lema passou a ser realizada pela CNBB e por instituições bíblicas presentes em todo o Brasil, entre elas o SAB. Em 2022, quem escolhe os temas são os coordenadores(as) da Animação Bíblica da Pastoral dos Regionais da Igreja no Brasil.

Atualmente, o Mês da Bíblia é realizado em vários países da América Latina e do continente africano.

Este ano de 2023, tendo como tema a Carta aos Efésios, desejamos que seja um momento de reavivar nossa adesão a Jesus, o Messias, o Filho de Deus, de recordar a nossa vocação batismal e de colocar nosso dom a serviço, para a edificação do Corpo de Cristo: a Igreja. É importante ter presente todo esse processo sinodal iniciado pelo Papa Francisco, a primeira etapa da Assembleia Sinodal, intitulada: "Para uma Igreja sinodal: comunhão, participação e missão", a ser realizada em outubro de 2023 e 2024, e o III Ano Vocacional promovido pela CNBB, que tem como tema: "Vocação: Graça e Missão" e lema "Corações ardentes, pés a caminho" (Lc 24,32-33), e se encerrará em novembro de 2023.

Os temas e os lemas do "Mês da Bíblia", de 1971 a 2023, são:

1971 – Bíblia, Jesus Cristo está aqui
1972 – Deus acredita em você
1973 – Deus continua acreditando em você
1974 – Bíblia, muito mais nova do que você pensa
1975 – Bíblia, palavra nossa de cada dia
1976 – Bíblia, Deus caminhando com a gente
1977 – Com a Bíblia em nosso lar, nossa vida vai mudar
1978 – Como encontrar justiça e paz? – O livro de Amós
1979 – Bíblia, o livro da Criação – Gn 1–11
1980 – Buscamos uma nova terra – História de José no Egito
1981 – Que todos tenham vida! – Carta aberta de Tiago
1982 – Que sabedoria é esta? – Parábolas
1983 – Esperança de um povo que luta – O Apocalipse de São João
1984 – O caminho feito pela palavra – Os Atos dos Apóstolos
1985 – Rute, uma história da Bíblia – Pão, família e terra
1986 – Bíblia, o livro da Aliança
1987 – Homem de Deus, homem do povo – O profeta Elias
1988 – Salmos, a oração do povo que luta
1989 – Jesus: palavra e pão – Evangelho de São João – capítulo 6
1990 – Mulheres celebrando a libertação – Cantos de Miriam, Débora, Ana e Maria
1991 – Paulo, trabalhador e evangelizador
1992 – Jeremias, profeta desde jovem
1993 – A força do povo peregrino sem lar, sem terra
1994 – Cântico: uma poesia de amor
1995 – Com Jesus na contramão
1996 – Jó, o povo sofredor
1997 – Curso Bíblico Popular – Evangelho de Marcos
1998 – Curso Bíblico Popular – Evangelho de Lucas
1999 – Curso Bíblico Popular – Evangelho de Mateus
2000 – João: luz para as comunidades

2001 – E todos repartiam o pão... (Atos 1–15)
2002 – Evangelizar um mundo hostil (Atos 16–28)
2003 – Curso Bíblico Popular – Cartas de Pedro
2004 – Curso Bíblico Popular – Oseias e Mateus
2005 – Curso Bíblico Popular – Uma releitura do Segundo e Terceiro Isaías, a partir de Jesus
2006 – Come teu pão com alegria (Eclesiastes)
2007 – Deus viu tudo o que tinha feito e era muito bom (Gênesis 1–11)
2008 – A caridade sustenta a comunidade – Primeira Carta aos Coríntios
2009 – Carta do coração – Carta aos Filipenses
2010 – Levanta-te e vai à grande cidade (Jn 1,2) – Profeta Jonas
2011 – Aproximai-vos do Senhor (Ex 16,9) – Êxodo 15,22–18,27
2012 – Coragem! Levanta-te. Ele te chama! (Mc 10,49) – Discípulos Missionários a partir do Evangelho de Marcos
2013 – Alegrai-vos comigo, encontrei o que havia perdido (cf. Lc 15) – Discípulos Missionários a partir do Evangelho de Lucas
2014 – Ide, fazei discípulos e ensinai (Mt 28,19-20) – Discípulos Missionários a partir do Evangelho de Mateus
2015 – Permanecei no meu amor, para dar muitos frutos (Jo 15,8-9) – Discípulos Missionários a partir do Evangelho de João
2016 – Praticar a justiça, amar a misericórdia e caminhar com Deus (Mq 6,8) – Para que n'Ele nossos povos tenham vida – Livro de Miqueias
2017 – Anunciar o Evangelho e doar a própria vida (1Ts 2,8) – Para que n'Ele nossos povos tenham vida – Primeira Carta aos Tessalonicenses
2018 – A sabedoria é um espírito amigo do ser humano (Sb 1,6a) – Para que n'Ele nossos povos tenham vida – Livro da Sabedoria
2019 – Nós amamos porque Deus primeiro nos amou (1Jo 4,19) – Para que n'Ele nossos povos tenham vida – Primeira Carta de João
2020 – Abre a tua mão para o teu irmão (Dt 15,11) – Livro do Deuteronômio
2021 – Todos vós sois um em Cristo Jesus (Gl 3,28d) – Carta aos Gálatas
2022 – O Senhor teu Deus está contigo por onde quer que andes (Js 1,9) – Livro de Josué
2023 – Vestir-se da nova humanidade (Ef 4,24) – Carta aos Efésios

CURSO EAD SOBRE A CARTA AOS EFÉSIOS

Com conteúdo exclusivo para você aprofundar o conhecimento do tema do Mês da Bíblia 2023, o SAB/Paulinas preparou um curso a distância sobre a Carta aos Efésios, realizado 100% pela internet.

Inscrições e mais informações no nosso site: paulinascursos.com.br/sab ou pelo QR CODE abaixo.

SELO MÊS DA BÍBLIA

O formato circular indica que a Palavra de Deus deve atingir toda a realidade, e a cor dourada, a preciosidade da Palavra (Sl 119). A Palavra vem ao centro como luz que aquece e ilumina a vida. O Alfa e o Ômega indicam Jesus Ressuscitado, princípio e fim de tudo e chave de interpretação de toda a Bíblia. O selo foi confeccionado por José Antonio Pinheiro Filho.

---

paulinas

Rua Dona Inácia Uchoa, 62
04110-020 – São Paulo – SP (Brasil)
Tel.: (11) 2125-3500
http://www.paulinas.com.br – editora@paulinas.com.br
Telemarketing e SAC: 0800-7010081